LES ORIGINES DE LA PENSÉE

Marcel Otte

Les origines de la pensée

MARDAGA

© 2001 Pierre Mardaga éditeur
Hayen 11 - B-4140 Sprimont (Belgique)
D. 2001-0024-37

Introduction

Il existe de nombreuses théories et une abondante littérature consacrées au fonctionnement de la conscience. Elles sont souvent fondées sur les rares connaissances neurologiques accessibles aujourd'hui. Quelques chercheurs audacieux supposent même ainsi pouvoir reconstituer l'origine de la pensée humaine à partir de sa nature biologique, par exemple en la comparant aux autres formes de conscience chez l'animal. Nous considérons ces tentatives comme extrêmement limitées et, essentiellement, hors sujet.

Ici, la pensée humaine sera appréhendée via ses manifestations externes qui, bien qu'extrêmement denses, sont aussi extrêmement évidentes. Les performances de la pensée s'observent quotidiennement dans leur diversité et dans leur finesse. Elles se structurent en catégories universelles où se mêlent émotion, intention, action et reconnaissance. Ces évidences furent souvent exprimées en anthropologie, mais rarement utilisées en sciences cognitives, apparemment pour d'obscures raisons hiérarchiques : dans les traditions académiques, la neurologie l'emporte souvent sur les sciences humaines.

La position de l'archéologue-préhistorien est encore plus ambitieuse que celle de l'anthropologue car elle consiste à retracer la trajectoire selon laquelle les valeurs humaines se sont constituées au fil du temps. La préhistoire restitue un mécanisme qui aboutit à notre pensée actuelle : elle jette un pont entre l'origine de la vie et celle de l'esprit.

Par exemple, toute la technologie, dûment matérialisée d'une façon permanente, est directement « lisible » et manifeste la succession des dialogues entre l'esprit et la matière. Ce support technique n'est d'ailleurs pas seulement le résultat de cette pensée en évolution mais en constitue l'un de ses moteurs essentiels : l'esprit se bâtit par le geste. L'archéologie est là pour reconstituer l'un et l'autre. La codification des valeurs, qui resserrent les liens d'un groupe, s'exprime par des options, accessibles via les caractères stylistiques. Formes, méthodes, comportements rendent compte de concepts agencés : l'outil contient la réflexion qui l'a fait naître ainsi que son rôle dans le contact entre nature et humanité. La conquête matérielle, sorte d'avatar spécialisé de la conduite instinctive, suscita à chaque étape une ouverture à la réflexion, à l'imagination et, finalement, à l'anticipation. Progressivement, ce décalage nécessita l'emploi de symboles, eux-mêmes soutenus par le langage qui s'élaborait.

Egalement prouvée par les données archéologiques, la mise à mort de l'animal manifeste l'emprise sur la nature sauvage, concomitante à la technologie. Les restes osseux montrent les choix opérés lors de l'abattage et témoignent de la puissance présentée par l'astuce contre la force bestiale. La redistribution des produits nutritionels issus de ces « prélèvements naturels » témoigne de la reconnaissance sociale dont ce succès faisait l'objet.

Au fil du temps, l'animal prend statut de force métaphysique à dominer et on le voit finalement exprimé sous forme d'image. Dès que sa maîtrise physique fut totale, il glissa lentement dans le langage plastique où il persiste encore aujourd'hui.

Tous ces bouleversements ne furent pas sans effet sur l'élaboration de la pensée et, curieusement, ils suivirent le même cheminement partout sur la terre comme si l'envol de l'esprit, une fois enclenché, s'était lui-même formé, à l'épreuve de ses propres conquêtes.

Les témoignages de la chasse, comme ceux de la technologie, furent bientôt relayés par ceux des sépultures et des œuvres d'art. Là aussi, la rivalité, sinon l'opposition, entre les groupes s'exprime via des rituels distincts et des mythologies particulières. Nées de la confrontation entre les idéologies, les marques de religiosité rassurent en incarnant des justifications et des identifications réciproques. L'art naît des contraintes et dans la mise en question des croyances opposées : pour exister, elles se matérialisent et amorcent un « combat d'images » qui dure toujours.

Tous ces éléments furent précisément datés et leur rythme comme leur ordre de succession sont hautement significatifs : il n'y a rien d'aléatoire dans l'accumulation des conquêtes spirituelles. Au contraire, une logique rétroactive équilibre la mécanique anatomique humaine en voie de « modernisation » avec toutes les fonctions biologiques transférées l'une après l'autre dans le monde des symboles où elles interagissent alors beaucoup plus rapidement lorsqu'elles se libèrent des contraintes instinctives.

Toute les codifications humaines deviennent alors purement abstraites mais restent reflétées dans les traces matérielles : du choix de la roche pour sa texture à l'édification des temples mégalithiques. Un fil rouge relie l'expression des traditions aux choix des images, de l'imagination individuelle à la coercition de la règle imposée collectivement. Tout dans la préhistoire, du caillou au tombeau, rend compte d'une lutte entre la valeur sacrée des inventions personnelles et la pesanteur des dogmes rassurants. Le doute et le tremblement de l'émotion sont sans doute restés aux sources de toute connaissance, en même temps que la crainte de la nouveauté et de l'inconnu en réduisaient les effets pour le respect de la tradition.

Sans doute, les tumultes dans les sciences cognitives contemporaines n'en forment qu'une des versions récentes.

Il ne nous semble ni utile ni opérationnel de descendre aujourd'hui jusqu'aux détails du fonctionnement psychique et, moins encore, de réduire la pensée à des échanges moléculaires ou chimiques, si ce n'est dans un méritoire but thérapeutique... Les processus de cognition s'élaborent en effet à la fois sur le long terme et dans leur globalité. Ils intègrent donc, dans un flux continu, des comportements socialement valorisés où chaque individu à la fois lutte pour son existence particulière et se laisse porter par le mode dominant d'agir et de penser. Aujourd'hui, le langage peut en former une belle illustration, où se mêlent la fluidité des règles, recombinées indéfiniment, et la recherche d'une expression plus adéquate, mieux appropriée à la personnalité de chacun, telle la poésie.

Considérée dans ses grandes lignes, la préhistoire de la pensée ne se présente pas autrement que celle du langage : les règles se combinent et se renouvellent au gré de l'appréhension mécanique du monde. Mais celle-ci, une fois accomplie, cède le pas aux extensions d'ordre symbolique et religieux. Guère de cassures ne sont perceptibles dans ce mouvement permanent où tout se présente comme si, détaché de ses contingences biologiques et des nécessités alimentaires, l'esprit, devenu force autonome, guidait désormais l'évolution humaine. Chacun des individus y participe à la fois comme acteur et comme relais. Les capacités d'innovation individuelle y furent sans doute faiblement utilisées mais les capacités générales de l'humanité considérée dans son ensemble restèrent en perpétuelle expansion. Aucune loi morale n'agrémente cette conquête de l'esprit : elle est seulement la conséquence, lointaine et accidentelle, d'un événement original qui enclencha cette ouverture à laquelle plus personne ne peut échapper dès qu'il est mis au monde dans un contexte culturalisé. Volonté divine ou accomplissement inéluctable dans les bouleversements de la matière : chacun y trouvera une justification à ce qui sollicite le plus profondément ses valeurs et le pousse à se donner sa propre raison d'être. Au risque de décevoir le lecteur, les lignes qui suivent et leur contenu ne fourniront pas cette explication ultime mais, à tout le moins, elles présenteront quelques faits aujourd'hui disponibles pour fonder sa propre pensée...

Chapitre 1
La nature du problème

1. LA PENSÉE ACTIVE ET LA PENSÉE FOSSILE

La pensée actuelle jette un regard interrogatif sur sa propre constitution, au travers d'une série d'approches synchroniques telles que la sociologie (Weil-Barais, 1993), la neurobiologie (Eccles, 1992; Ruffié, 1983), la psychanalyse (Plotkin, 1982; Green, 1995), la linguistique (Pinker, 1999), la génétique (Durham, 1991) et la philosophie (Cassirer, 1972).

Certaines composantes fondamentales de la pensée furent ainsi décryptées, mais non expliquées dans leur genèse. Dans les mêmes domaines, certaines tentatives furent lancées, à vocation diachronique, telles celles de Saban (1993) en linguistique, d'Edelman (1992) en neurobiologie, de Ducros, Ducros & Julian (1999) en génétique, de Mehler & Dupoux (1990) et de Sperber (1996) en sociobiologie et celle de Donald (1999) en psychanalyse.

Cependant, une vision rétrospective devrait pouvoir apporter la clef à la signification des acquis successifs propres aux composantes de la pensée humaine, progressivement constituée au fil du temps.

Notre pensée actuelle se retourne alors sur sa propre nature et y cherche la logique de sa cohésion. Les disciplines spécialisées dans l'approche du passé humain se rapportent, soit à leur nature anatomique (paléontologie), soit à leur statut culturel (archéologie). Comme le paléontologue (Tobias, 1981), l'archéologue possède ses propres armes, plus ou moins affûtées, et dont le sens est finalement fondé sur ce que l'on sait du comportement actuel de l'homme : l'analogie ethnologique.

Ces approches méritoires restent encore trop rarement utilisées. Elles se fondent sur la psychanalyse (Mitthen, 1996 ; Noble & Davidson, 1996), l'archéologie classique (Renfrew & Zubrow, 1996) ou la comparaison primatologique (Gibson & Ingold, 1993). La vision globale et pénétrante d'André Leroi-Gourhan (1964a), de lecture toujours fructueuse, fut fondée sur des informations documentaires aujourd'hui largement enrichies. Par ailleurs, sa pensée évolutionniste globale était marquée par la conviction d'un prolongement de l'évolution biologique par la préhistoire. Nous pensons plutôt qu'une cassure plus radicale s'est opérée entre les deux mondes, justifiant la séparation de leur étude, précisément grâce au domaine de la pensée.

Les règles fonctionnelles que l'on sait régir toute société humaine ouvrent une perspective lointaine sur ce que furent leurs antécédents, liant l'esprit à l'action et celle-ci aux traces matérielles qu'elle nous a laissées. C'est donc notre pensée actuelle qui fait revivre et donne un sens à un continuum d'actes socialisés, répondant aux aptitudes cognitives élaborées au fil de la préhistoire ancienne.

Dans ce sens, cette pensée fossile n'est donc pas morte : elle se trouve périodiquement réactivée par le renouvellement des questions posées par la science contemporaine. La communauté scientifique extérieure aux archéologues doit savoir qu'une masse gigantesque d'informations fut récoltée depuis deux siècles de recherches, témoignant des aptitudes conceptuelles manifestées successivement par l'humanité pendant trois millions d'années. Il suffit qu'un regard approprié lui soit porté pour que ces documents muets se mettent à parler, en matière de société, de religion ou d'aptitudes cognitives. Ce petit livre n'a pas d'autre but.

En définitive, il s'agit ici de faire passer une information simplement recueillie au titre de témoignage vers un matériau apte à alimenter la réflexion sur l'origine de la pensée et, surtout, sur les mécanismes qui, à long terme, se sont agencés pour constituer l'esprit actuel lui-même toujours en voie de transformation.

Tout ce que nous pouvons savoir sur le mode de fonctionnement cognitif contemporain, par exemple à partir de la neurobiologie, fut ici provisoirement écarté au profit de ce qui en résulte sur le plan comportemental, dans la réalisation des actions quotidiennes. On peut d'ailleurs déjà se demander dans quelle mesure la relation de causalité peut être établie sur l'humanité actuelle entre, d'un coté, les comportements et les systèmes de valeurs et, de l'autre, les fonctionnements neuro-biologiques : le fossé reste béant pour un observateur extérieur.

La méthode archéologique nous force à suivre la voie opérationnelle et très empirique inverse : celle remontant de l'acte à la pensée (voir aussi Piaget, 1967) en tenant pour acquis que tout geste n'est pas aléatoire, mais est susceptible de révéler une intention (fig. 1), une prévision (fig. 2), une estimation. Dans la masse complexe de comportements socialisés, nous devons aussi distinguer les aptitudes collectives générales de ce qui peut apparaître comme une action éphémère et individuelle. Il nous faudra aussi opérer une distinction entre les réalisations traditionnelles attestées par l'archéologie et les potentialités individuelles réelles, largement supérieures d'une manière générale.

L'archéologie ne fournit que les produits d'expériences, exprimées si généralement qu'elles sont d'application pratiquement mondiale. Il faudra désespérer d'atteindre les limites des

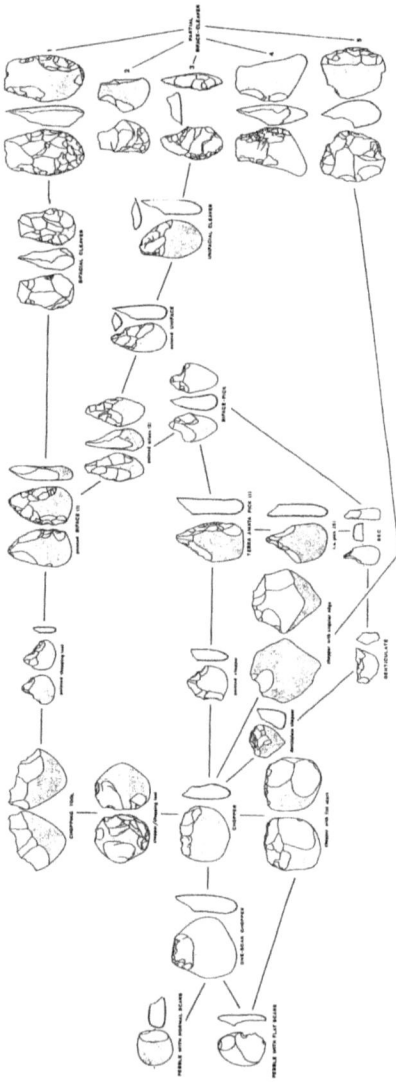

Figure 1. L'analyse de la pensée fossile peut être entreprise à partir de gestes techniques reconstitués. Dès les formes les plus anciennes, on voit apparaître un «dialogue» entre l'idée du tailleur (la forme idéale) et les contraintes mécaniques du matériau. Ces échanges se manifestent par les réseaux, aux embranchements alternatifs, révélés par les remontages d'outils lithiques. C'est la trame de la pensée en évolution qui est ainsi mise en évidence pour un «moment» donné du passé. (Ici, vers 400.000 ans, site de Terra Amata, près de Nice; d'après P. Villa, 1983.)

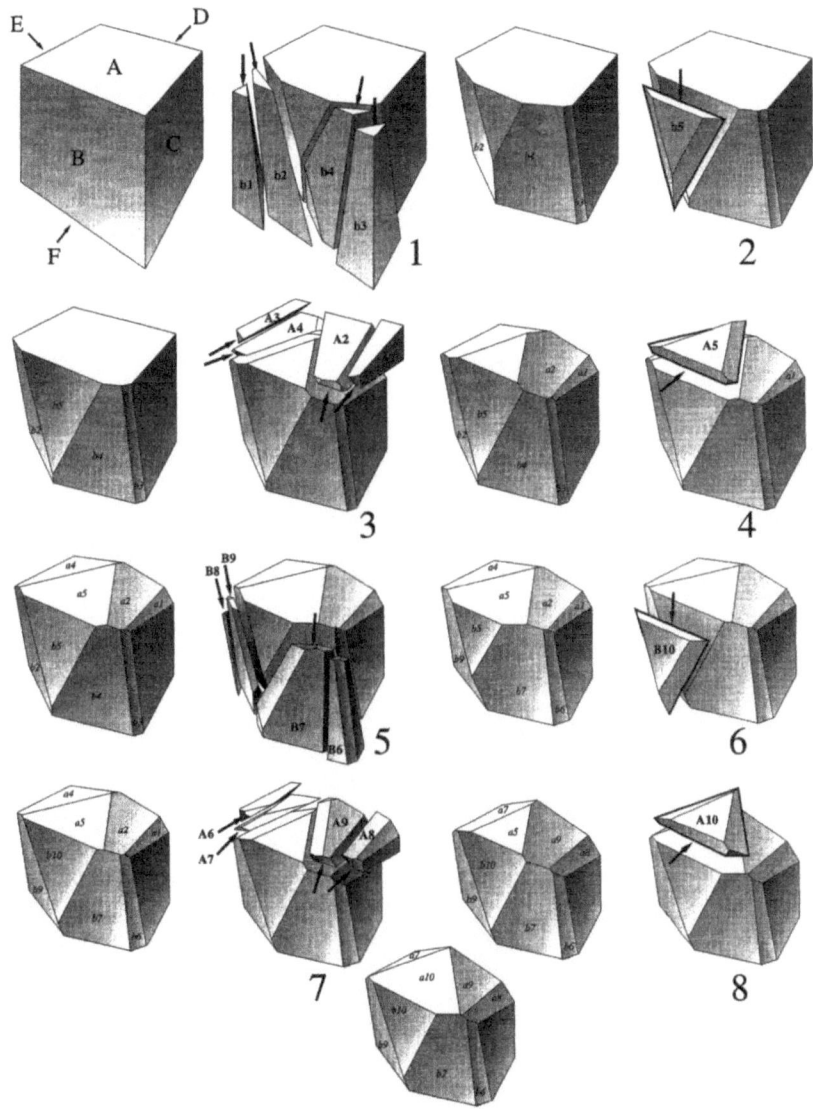

Figure 2. Au fil du temps, le bloc mis en forme ne sert qu'à extraire l'enlèvement qui servira d'outil : l'imagination et la prévision sont beaucoup mieux manifestées à travers le temps et l'espace. Toutes les phases opératoires, à la fois correspondent à un schéma technique, maîtrisé puis adapté rigoureusement, mais aussi se trouvent dispersées dans les trajets parcourus. Ces schémas de pensée sont donc prévisionnels, stéréotypés et flexibles. (Modalités de débitage Levallois, d'après J.-L. Locht *et al.*, 1997.)

capacités pour se contenter de témoignages sur la pensée élémentaire, minimale à chaque époque.

Nous considérons toutefois qu'une approche fructueuse peut être atteinte par la combinaison, dans un contexte donné, des différentes aptitudes comportementales. Par exemple, si nous lions l'organisation de la chasse à l'aptitude technique et à l'organisation de l'habitat ou aux sépultures, nous augmentons nos chances d'appréhender une pensée collective dans sa globalité opératoire et dans ses nuances sociales, cognitives, spirituelles.

Une telle approche devrait être menée pour chaque époque, mais un autre écueil attend l'archéo-penseur trop optimiste : les conditions dans lesquelles les fouilles paléolithiques furent souvent menées interdisent l'établissement de rapports fermes entre les ensembles ainsi dispersés, dans le temps et dans l'espace. Il nous faudra donc museler nos ambitions afin d'éviter, emportés par l'enthousiasme, d'associer en une vue globale les produits de contextes disparates. Partir d'un contexte isolé et sûr reste probablement le meilleur moyen d'éviter cette écueil méthodologique.

La pensée fossile s'enregistre donc sur des traces, extrêmement variées, dans lesquelles la pensée actuelle va quérir son matériau. C'est ainsi qu'au fil du temps, nous avons vu des réponses totalement neuves sourdre d'une documentation quasiment identique dans sa nature : l'alimentation, les techniques, la chasse. Il nous restera à expliquer le phénomène d'émergence de cette pensée, en perpétuel perfectionnement. Rien, dans les phénomènes naturels révélés par l'évolution des espèces, ne laissait prévoir l'avènement d'un tel cataclysme biologique où, tout à coup, l'anatomie est mise au service de la réflexion et où les lois naturelles de l'évolution sont en quelque sorte traitées à contre-courant : une anatomie rudimentaire et remarquablement stable permet l'adaptation à tous les milieux écologiques, de la banquise à la surface lunaire. Seul le développement foudroyant des aptitudes cognitives le permit, entraînant loin derrière elle l'inertie d'un corps resté très primitif.

2. LE RÔLE DE LA PENSÉE DANS LE LONG TERME

Un processus rétroactif caractérise l'évolution de l'homme : une fois libérée des nécessités biologiques élémentaires, la pensée a poussé l'évolution humaine dans la direction qui lui convenait, particulièrement dans la relation entretenue entre la main et le cerveau (fig. 3). Désormais, il a fallu répondre aux défis lancés par l'esprit : subsister en dépit d'une physiologie déficiente, grâce à l'imagination et à la prévision. L'idée souvent admise d'une locomotion bipède aux origines de l'homme (permettant la vie en paysage découvert) n'explique rien, car cette nouvelle situation exigeait en compensation une activité spéculative inouïe (les poules marchent aussi sur deux pattes...). Or, le simple fait que l'opération ait réussi et que l'homme, ainsi exposé dans la savane, ne périt pas aussitôt victime des carnassiers, prouve qu'il fallait d'abord qu'il disposât des aptitudes imaginatives contrebalançant sa déficience physique. L'homme s'est fait par l'esprit d'abord et son anatomie, libérée des contraintes locomotrices imposées à tous les primates tenus jusque-là de se protéger par la forêt, a suivi cette voie, par le redressement d'abord, par l'équilibre de la tête ensuite, par la manipulation des objets enfin (fig. 4). En d'autres termes, il a fallu que ce primate devienne prédateur, manifestât sa solidarité ethnique dans le combat collectif et fonde enfin son alimentation sur la matière dont il était lui-même constitué, c'est-à-dire la chair, devenue viande. Seules son audace et son imagination le lui permirent et la reconnaissance, exprimée par le groupe, pour ces succès en stimula la répétition et la continuité.

Plus que les pieds donc, selon nous, l'outil fit l'homme, car il entretient active la pensée permettant la survie par l'habileté et la constitution des concepts. Par la manipulation d'objets quelconques, l'esprit enregistre les différents aspects et établit ce rapport entre l'action, la coordination et la pensée. Ce «dialogue» de la main au cerveau entretint puis développa la relation avec le réel en donnant en germe le sentiment de

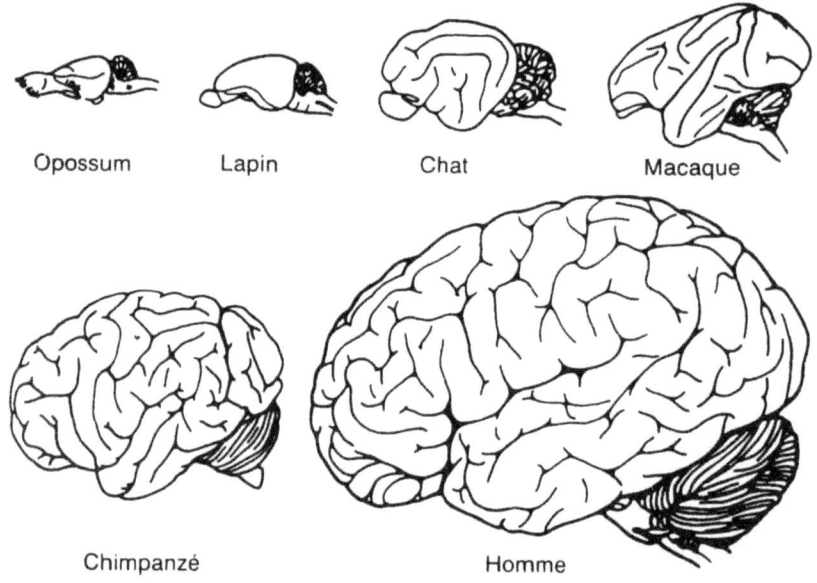

Figure 3. Le détail de l'évolution cérébrale ne peut être reconstitué avec précision, mais la masse globale du cerveau est un reflet essentiel de l'importance prise par la réflexion dans notre lignée évolutive. Davantage encore que le volume, la complexité dans l'agencement des lobes cérébraux forme un témoin de l'importance qu'il a prise. En archéologie, comme en paléontologie, notre travail consistera à définir des tendances ou d'éventuelles étapes évolutives, justifiant les passages d'un statut à un autre au fil du temps : la corrélation entre les productions et les capacités s'installe comme le véritable agent évolutif propre à l'espèce humaine. (D'après J.C. Eccles, 1992.)

maîtriser la matière et ses lois, bientôt le monde et ses incertitudes.

Le cas très particulier de la condition humaine fit que la pensée devient le facteur évolutif essentiel : elle commanda son destin et détermina ses transformations. Si la théorie darwinienne peut présenter un sens en matière d'évolution animale, dans le cas de l'homme, cette conception doit être revue au profit d'une éventuelle « sélection » fondée sur les aptitudes à apprendre et à créer : le plus apte dans la cognition fut le plus fructueux aussi et c'est selon cette lignée adaptative régie par l'esprit que désormais l'humanité s'orienta, remettant toujours

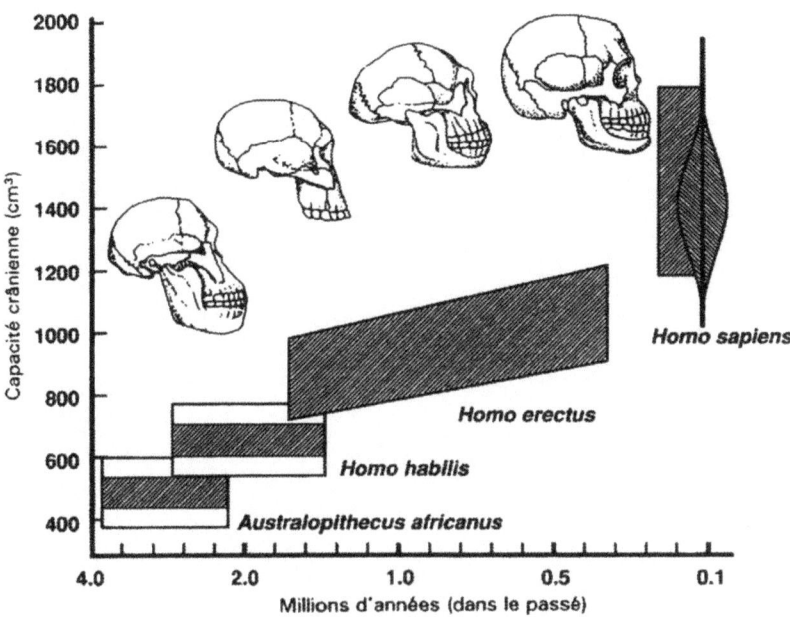

Figure 4. L'un des facteurs essentiels, propres à l'hominisation, est l'accroissement de l'encéphale. Cette tendance agit perpétuellement et en tous lieux (encore aujourd'hui). Il n'est donc pas nécessaire de trouver «la» source d'un tel processus, davantage en Afrique plutôt qu'en Asie, car il est omniprésent dès que l'humanité apparaît, il y a environ 3 millions d'années. Cette tendance marque toutefois des rythmes différents selon les concentrations démographiques et, ainsi, peut apparaître comme rapide dans le cas de migrations vers les aires marginales telle que l'Europe. (D'après G.M. Edelman, 1992.)

en cause ses propres coutumes pour percer les contraintes opposées par les environnements perpétuellement traversés et conquis (fig. 5).

L'homme ne recherche nullement le milieu qui lui convient, mais son imagination lui permet de défier désormais tous les milieux par l'adaptation culturelle. C'est là le propre de notre espèce, considérée sur le plan de l'«efficacité biologique».

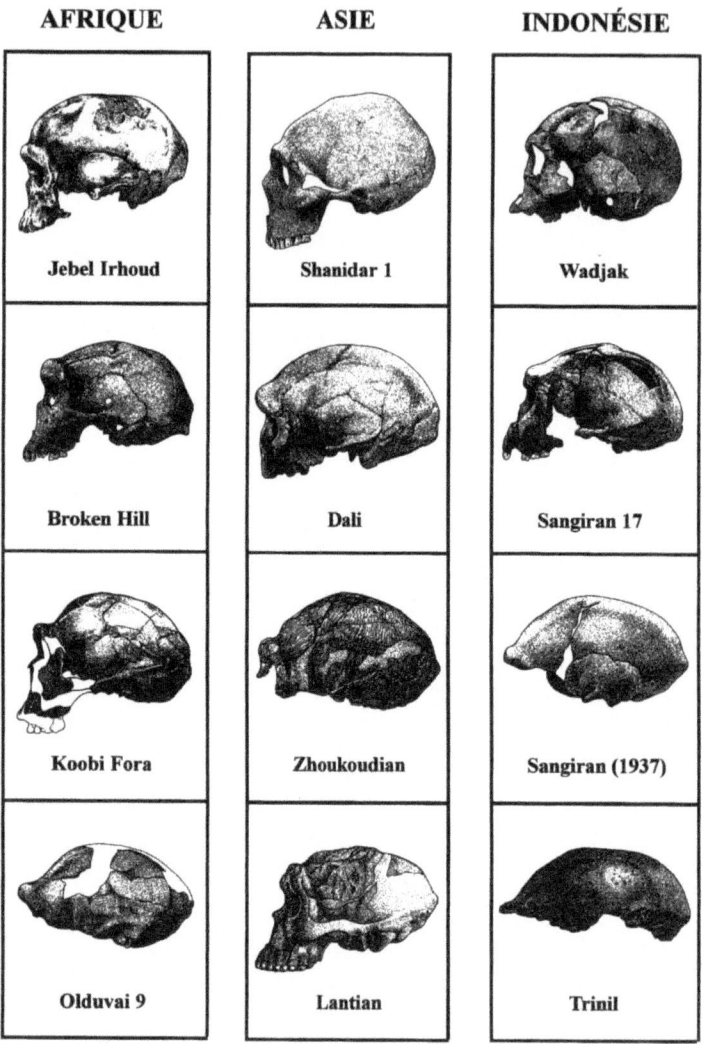

Figure 5. Une comparaison intéressante, entre les grandes régions mondiales, montre la force d'action de cette tendance au fil du temps. Bien que très séparées, les populations humaines manifestent toutes la réduction de la face et l'arrondissement de la voûte crânienne. Ces processus sont corrélatifs, autonomes et convergents, au point que toutes les « races » actuelles se ressemblent, bien qu'elles aient suivi des voies parallèles. L'adaptation aux climats variés, permise par la technicité, y superposa des effets secondaires, telle la pigmentation ou la stature, mais l'ensemble se joue à l'intérieur d'une seule espèce biologique, définie dès les origines, il y a quelques millions d'années. (Dessins issus de I. Tattersall, 1995a ; d'après M. Otte, 1999.)

3. LA PENSÉE EN ÉVOLUTION

De l'animalité à l'humanité actuelle, quels qu'en furent les détours, un long cheminement fut parcouru par les manifestations de la pensée. Les témoignages archéologiques le prouvent aisément par le perfectionnement de tous ordres dont ils attestent : économie, société, technicité, spiritualité.

Aussi fulgurant que ce progrès puisse paraître *a posteriori*, il consiste en fait en une accumulation rétroactive de tout petits sauts, touchant à la fois le front de la pensée collective déjà ouvert contre la nature et la minuscule invention dont chaque individu s'efforçait d'être maître à force de méditation et d'expériences personnelles (fig. 6 et 7).

À chaque moment donc, l'activité de la pensée reste en compétition avec le milieu culturel déjà constitué. Mais il est remarquable de considérer l'ampleur de ce mécanisme, sans début ni fin, simplement en action perpétuelle, toujours actif sous nos yeux aujourd'hui (fig. 8).

Au-delà des circonstances anecdotiques propres à chaque chantier archéologique, il est alors nécessaire de prendre un certain recul pour déceler, dans ces ensembles, la marche de tels processus. En effet, dans son incohérence documentaire, l'archéologie ne nous propose d'abord que des faits confus que seule la logique de notre questionnement actuel permet d'aligner dans un sens cohérent. La réponse n'est bien sûr pas dans la documentation, mais dans la manière de la solliciter (fig. 9). Par exemple, si nous considérons les structures d'habitat, nous y verrons l'évolution de liens sociaux, tandis que les modes de chasse révéleront les règles de partage ou d'organisation. Chaque catégorie documentaire contient et révèle une cohérence éclairant le mode particulier d'appréhension de l'univers par l'introduction de concepts nouveaux et par leurs articulations dans le groupe considéré (fig. 10).

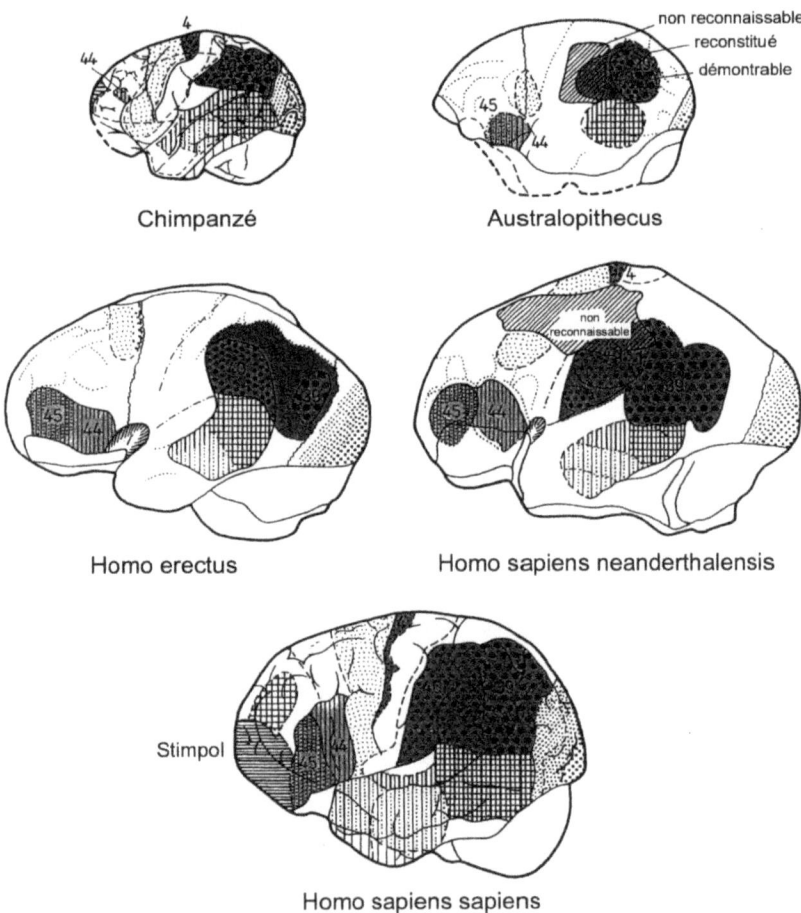

Figure 6. Outre la capacité crânienne, la disposition topographique des lobes cervicaux rend compte du développement de la pensée réfléchie. Ceux-ci sont surtout portés vers l'avant du crâne («stimpol») et justifient progressivement l'élévation du front et l'allongement de la face au détriment de l'appareil masticateur qui s'atrophie en sens inverse. Toutefois, cette disposition n'est qu'une «enveloppe» générale qui, tel un ballon, peut prendre différentes formes extérieures en maintenant la même capacité interne. En outre, il ne faut pas confondre le caractère d'un individu avec la tendance exprimée par une population considérée àl'échelle de millions d'années. (D'après J. Herrmann et H. Ullrich, 1991.)

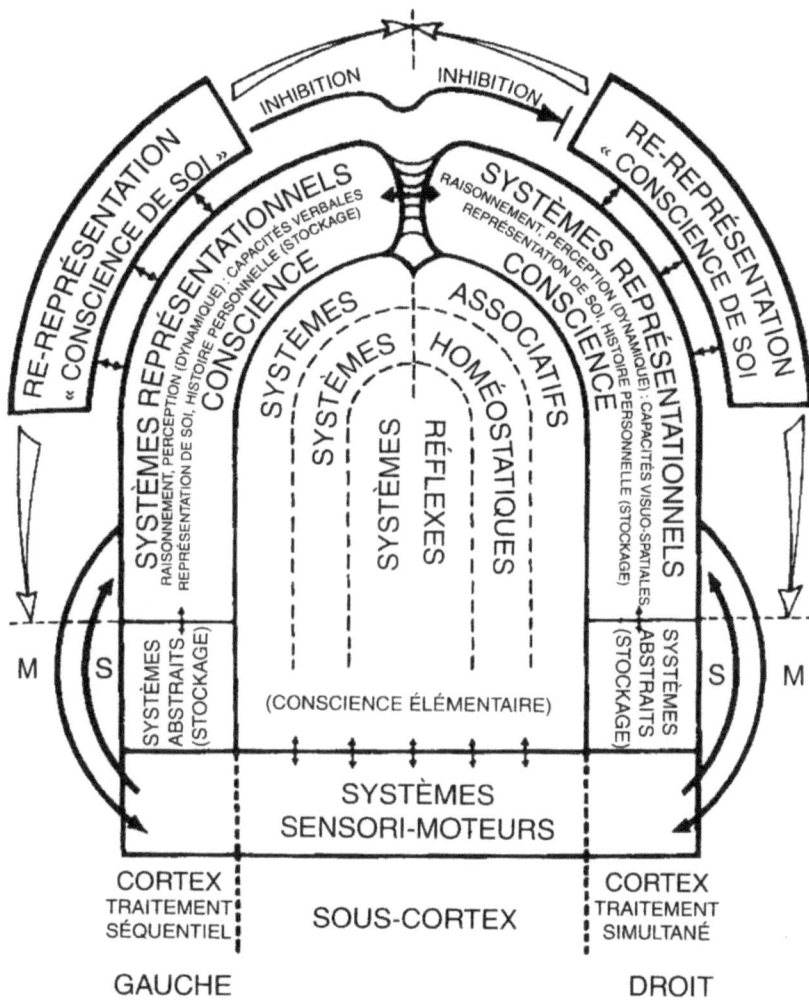

Figure 7. Schéma représentant les systèmes de conscience du cerveau humain. Les strates centrales (réflexes) seraient les plus archaïques. Les fonctions plus abstraites, et situées vers l'extérieur, seraient les plus récentes (conscience de soi). Les systèmes de traitement et de stockage se situent vers l'avant, à gauche et à droite. Exemple, donc, de naïveté logique selon laquelle, lorsque les concepts sont forcés en position topologique, ils sont ainsi manipulables par la pensée et par l'action. Notre conception, beaucoup plus globale, s'interdit cette forme localisée des aptitudes. (D'après Oakley, dans M. Donald, 1999.)

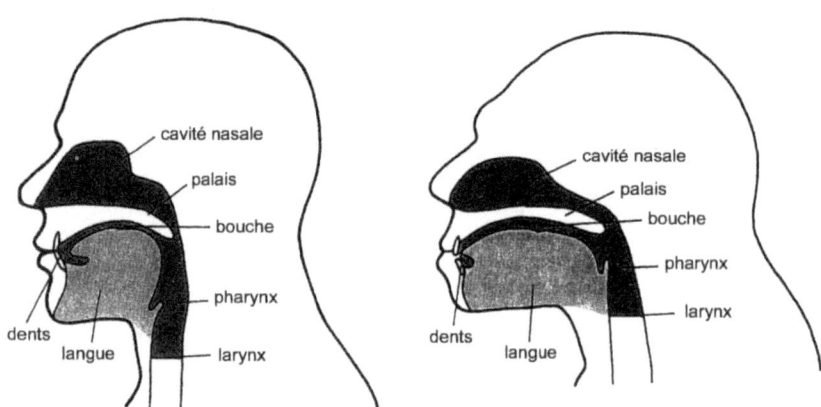

Figure 8. Comparaison des appareils phonatoires disponibles chez l'homme moderne (à gauche) et chez Neandertal (à droite). La disposition plus élevée du pharynx et du larynx chez Neandertal, et la cavité nasale réduite, ne permettaient probablement pas d'atteindre la même souplesse phonatoire qu'aujourd'hui. Cependant, la disposition de l'os hyoïde (attache de la langue) observée à Kebara (Israël) prouve que le l'homme de Neandertal possédait un langage (entre 100 et 50 mille ans environ). Il a dû résulter d'un long processus, initié dès les premiers hominidés, par un échange entre le geste, le son, la pensée et la reconnaissance sociale. Cet enclenchement s'est ensuite répercuté sur l'anatomie du système vocal, à tel point qu'il y prit valeur évolutive. Mais ce reflet matériel n'est dû qu'à l'importance accordée au symbolique dans les rapports entre individus. (D'après C. Stringer et C. Gamble, 1993.)

Une fois enclenché, ce processus est irréversible : l'action soutient la tradition. L'imagination joue alors le rôle moteur à l'évolution. Nous percevons cette pensée par les traces matérielles de son activité, en perpétuel changement grâce aux nouveaux défis : perfectionnements techniques ou expansions territoriales. Ces « sommets d'icebergs » suggèrent l'emprise d'une mythologie collective, valorisant la création (Brill, 1973). C'est parce qu'elle se trouvait justifiée par la communauté que l'invention fut sollicitée et reconnue. Dans un second temps, l'aptitude conceptuelle nécessitée par son intégration augmenta progressivement l'activité de la pensée. Au cours de ce processus, le langage lui-même joua le rôle crucial de symbolisation et de transmission par l'abstraction.

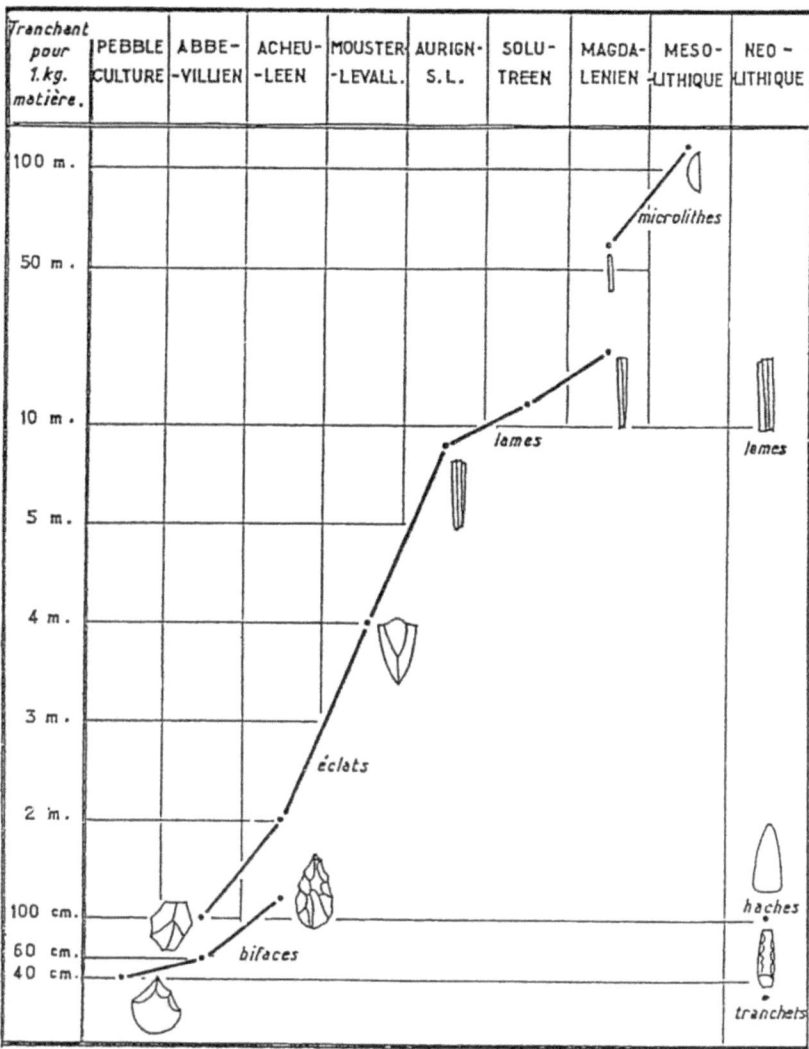

Figure 9. Un schéma très célèbre fut élaboré par André Leroi-Gourhan, afin de manifester l'emprise de l'esprit sur le matériau, via les techniques. Celles-ci sont étalées, à travers le temps, sur l'axe principal du bas (à l'horizontale). Dans l'autre sens, on voit augmenter la longueur de «tranchant utile» atteinte, grâce à ces techniques, pour une même masse de matière première (ici, un kilo de silex). Une inflexion se marque (en bas, à gauche) dès que l'on passe du bloc sculpté à l'enlèvement préparé et extrait du bloc («éclats»). Cette phase correspond au Paléolithique moyen, période des Néandertaliens. (D'après A. Leroi-Gourhan, 1964.)

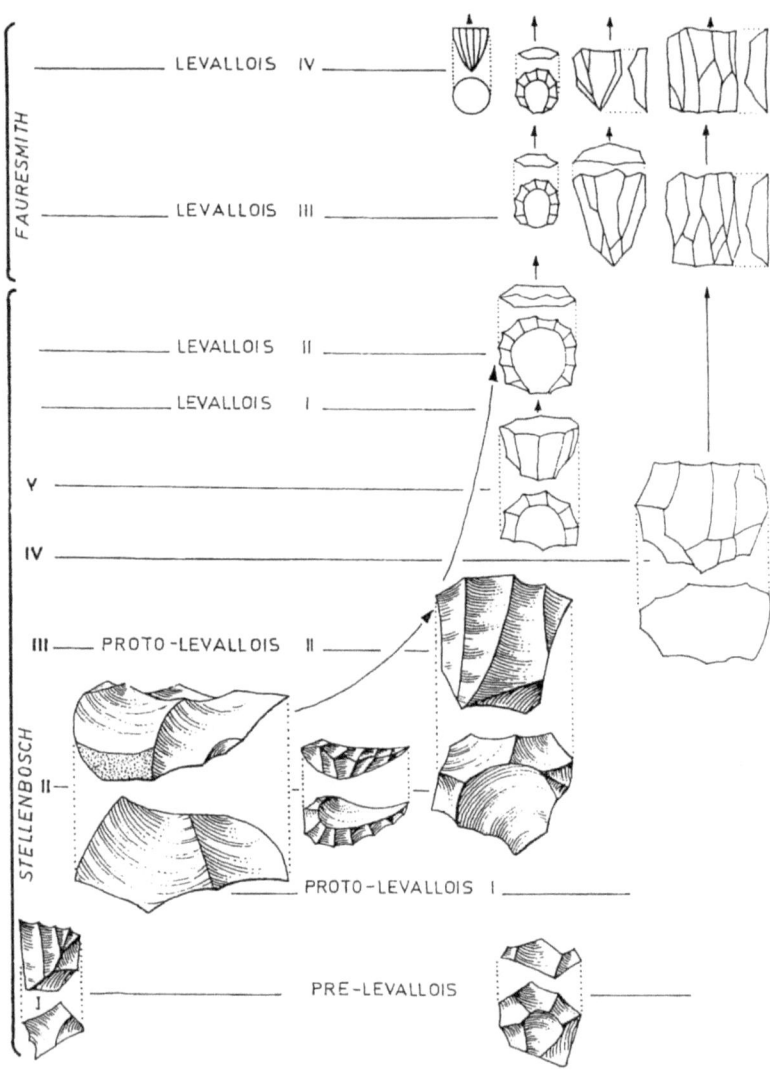

Figure 10. Outre la longueur du tranchant, la complexité atteinte par les chaînes opératoires techniques révèle aussi le développement de la pensée. Ce sont alors des «schémas comportementaux» qui apparaissent et se diversifient. Ils résultent en fait d'un échange entre la pensée et le matériau, car nous ne disposons que des traces de ce qui fut réalisé et non simplement conçu : l'abstraction, l'imagination et la mémorisation ont pu y être beaucoup plus puissantes que ces «limites minimales» que l'ombre de ces réalisations matérielles laisse pressentir. Elles sont seulement le plancher minimum, à confronter aux autres performances, accomplies par exemple dans la chasse, l'habitat, le langage. (D'après C. Van Riet Lowe, dans M. Brézillon, 1968.)

4. PENSÉE ET SOCIÉTÉ

Le fonctionnement social est loin d'être propre à l'espèce humaine : il se retrouve de façon constante et sous des formes multiples chez de nombreuses autres espèces. Cependant, dans les sociétés humaines, le groupement ethnique constitue la règle et se comporte comme mené par une pensée globale dominante. Par ailleurs, la pensée individuelle y est sollicitée afin de répondre aux besoins collectifs nouveaux. Considéré sur le long terme, ce processus prend une importance cruciale, car l'éducation dans notre espèce s'est progressivement allongée

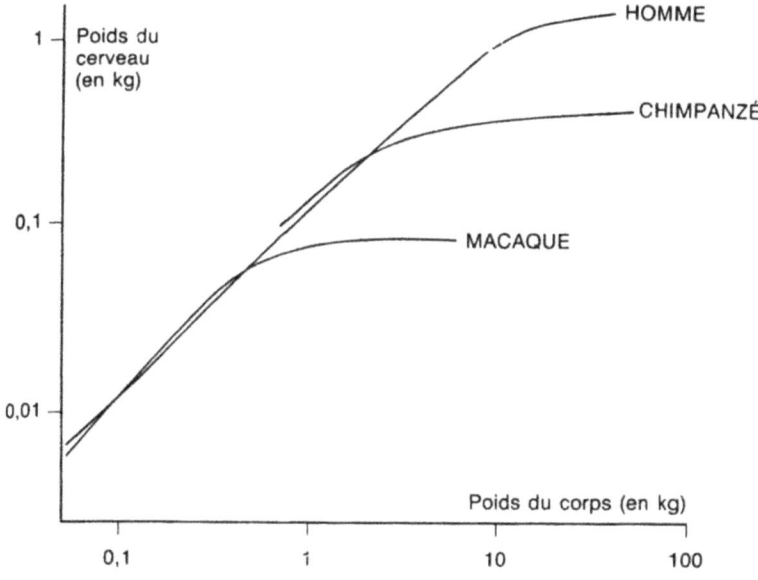

Figure 11. Plus que le poids absolu du cerveau, c'est son rapport au corps qui, au cours de sa croissance, se détache des autres primates. Ce que l'on nomme l'« ontogenèse » reflète l'effet rétroactif des potentialités biologiques et de l'éducation : seules les aptitudes mises en valeur par l'éducation vont se stabiliser et acquérir un statut anatomique reconnaissable à l'état adulte. Cette « ontogenèse » est parfois utilisée comme analogie avec ce que qui a pu se passer sur le plan phylogénétique, lorsque les aptitudes à la cognition prenaient valeur sélective et constituaient ainsi un moteur à l'évolution humaine. (D'après Gould, dans J.C. Eccles, 1992.)

par rapport à la vie sociale de l'individu (Ruffié, 1983 : 233) (fig. 11). Cette longue durée, largement au-delà de la maturité biologique, a provoqué au fil de l'évolution un phénomène de formation épi-génétique de la pensée, voire des capacités cognitives et de ses valeurs (fig. 12). La complexité du bagage culturel (fig. 13), progressivement accumulé, a provoqué une tendance biologique vers les capacités cognitives telles la mémorisation ou les aptitudes à la prévision (fig. 15 et 16). Sur le long terme, ce phénomène a dû privilégier ce type de performances cognitives et donc favoriser, non seulement les plus aptes à apprendre, mais — chez chacun — ces aptitudes particulières, proprement humaines, vers l'abstraction.

Une action rétroactive s'est ainsi enclenchée au travers du système éducatif requis par la société elle-même : plus le comportement social impliquait des aptitudes cognitives, plus l'espèce dans son ensemble favorisait cette évolution, au sein même des mécanismes biologiques. En d'autres termes, on pourrait dire qu'en optant pour la culture, l'humanité s'est progressivement auto-domestiquée et constitua finalement la forme actuelle, désormais tenue de subsister par sa réflexion et son imagination. Nous verrons comment les processus éducatifs se sont avérés en préhistoire, par la technologie, les coutumes ou les gestes. Mais, toujours, devons-nous en outre garder à l'esprit «l'épaisseur» chronologique considérable du phénomène qui, enclenché il y a quelques millions d'années, a fini par modeler nos modes de pensées actuelles et nos aptitudes créatrices. La règle sociale, transmise par l'éducation, s'interpose, tel un filtre biologique agissant au sein de toute l'humanité, quels que soient le temps et le lieu, en permanence et toujours dans la même direction : celle de la démission de l'organique au profit du culturel, jusqu'à finalement franchir la frontière de l'espèce. Nous verrons aussi que l'émotion, au moins autant que l'abstraction, agit comme stimulus à l'intégration sociale : toute société produit du sacré et, dès le Paléolithique ancien, des traces de sensibilité métaphysique apparaissent par-dessus celles de la simple intelligence. Le stimulus émotionnel, et sa reconnaissance par le groupe au sein de ses

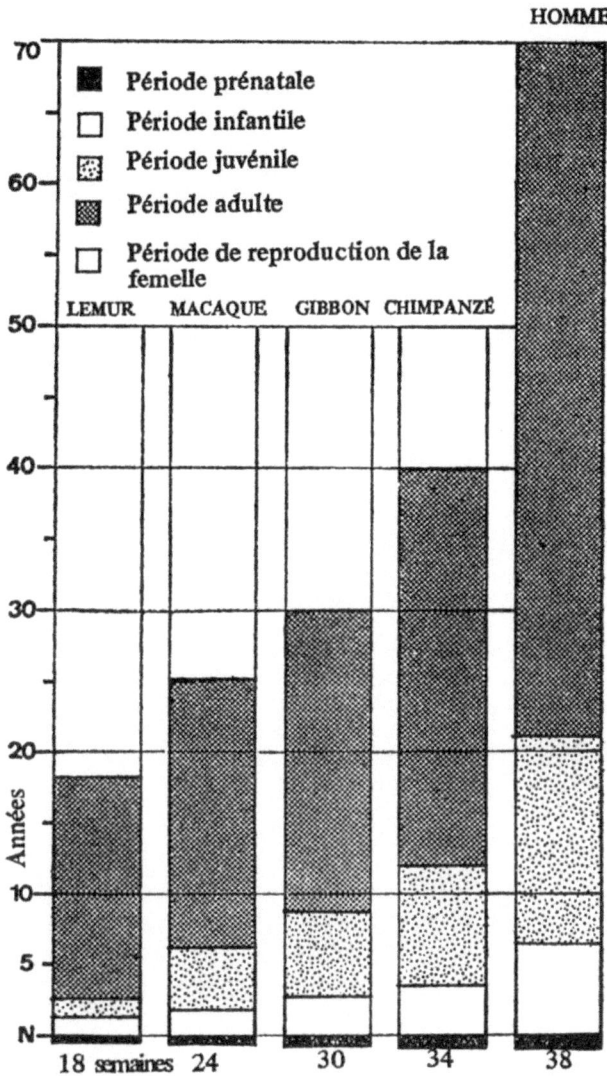

Figure 12. La grande différence ontogénétique entre les primates et l'homme se situe dans l'allongement des phases infantile et juvénile, durant lesquelles la transmission culturelle s'opère : langage, comportement, valeurs, émotions. C'est aussi durant cette phase que l'anatomie se constitue pour répondre à ces besoins sociaux. Cette « métamorphose » propre à l'homme a dû jouer un rôle crucial au cours des millions d'années d'évolution, comme une tendance générale propre à toute humanité, en tous moments de sa phylogenèse. En d'autres termes, l'homme fut toujours (et est encore) en voie de « modernisation ». (D'après A.H. Schultz, dans J. Ruffié, 1983.)

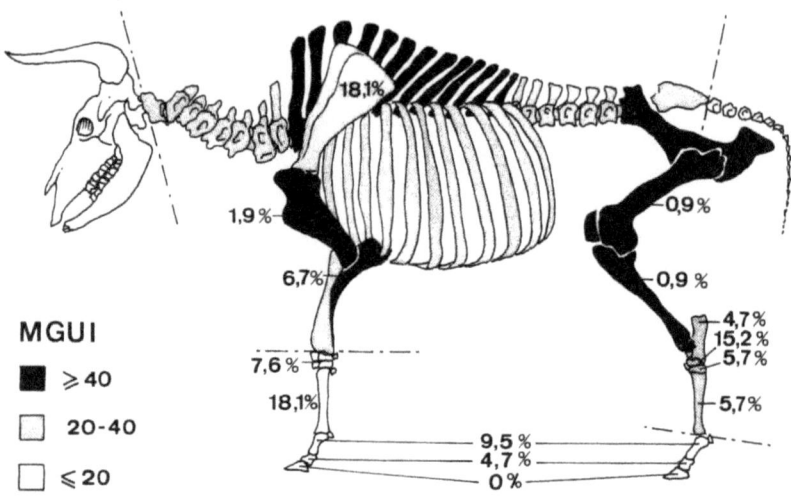

Figure 13. Le reflet du partage social et l'impact des règles de distribution, propres à un groupe paléolithique, se retrouvent par exemple dans les procédés de découpage et de répartition des restes alimentaires. Issus de la prédation, elle-même utilisée comme un «filtre hiérarchique», ces partages ne se limitent pas au groupe de chasseurs, mais se retrouvent aux lieux d'habitat. Ils témoignent ainsi de la solidarité entre les diverses parties de l'ethnie, dont certaines autres étaient orientées vers les tâches d'éducation ou à caractère religieux et artistique. (MGUI : indices de valeurs nutritives pour les parties d'un squelette de bison; en%, les proportions des différents éléments anatomiques effectivement rapportés au site; données tirées de J.D. Speth; d'après J. Jaubert et J.-P. Brugal, 1990.)

valeurs, a dû tout autant, au fil du temps, affiner notre sensibilité actuelle. Religion, art, intelligence ne peuvent être proprement distingués dans la constitution de l'esprit humain : ils tendent toujours, par une forme ou par une autre, à développer nos aptitudes à la spiritualité.

5. PRÉVISION

Fondée sur une expérience antérieure, l'action réfléchie témoigne des aptitudes à une libération par rapport au vécu immédiat. Elle suppose à la fois une mise en réserve de souve-

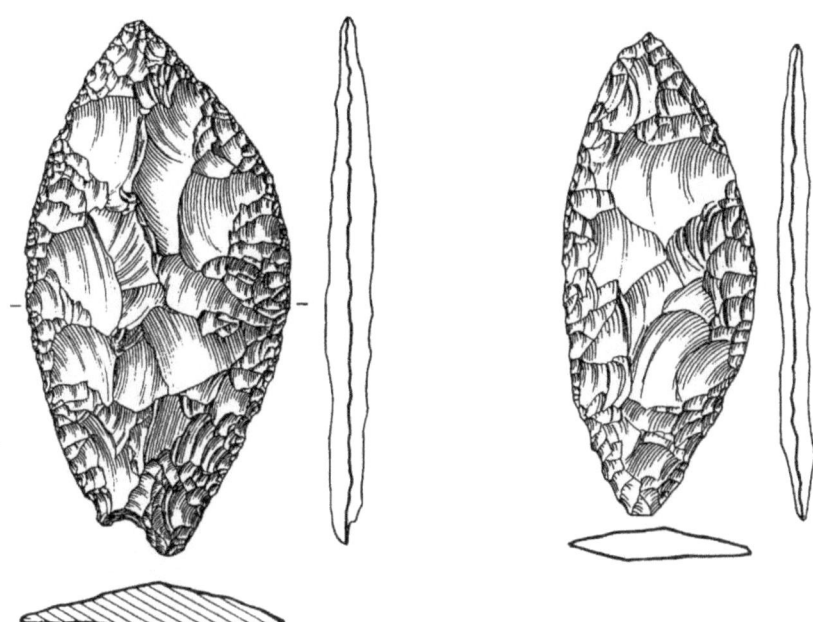

Figure 14. Au-delà des aspects utilitaires et fonctionnels, les outils de pierre manifestent, dès les phases anciennes, des caractères purement stylistiques, imposés par la tradition. Ces « choix culturels » n'ont rien à voir avec l'efficacité ; ils portent sur des silhouettes, des rapports de symétrie et des aspects purement esthétiques, tel le matériau, l'amincissement ou la texture. Ces variations possèdent, pour une période données, des répartitions géographiques variées, correspondant à autant d'« aires ethniques » reconnaissables, aujourd'hui encore, sur des centaines de millénaires. (Pointes foliacées du Paléolithique moyen de Mauern, Bavière, d'après F. Bordes, 1968.)

nirs et une analyse analogique de la nouvelle situation, guidant la réaction.

Dans le domaine archéologique, cette expérience est chose courante : dès que diverses traces s'organisent en série, elles sont dites « traditionnelles ». Sur le long terme, les expériences collectives se sont constituées de manière telle qu'elles permettent de répondre à toute nouvelle situation. La plus belle confirmation est illustrée précisément par la persistance de ces traditions, démontrant leur succès face aux défis successifs de l'environnement, naturel ou humain. On reconnaît ainsi des

« formules » culturelles pouvant être combinées selon mille procédés différents, comme une syntaxe le permettrait vis-à-vis de concepts.

L'aptitude au stockage d'informations et à leur retraitement apparaît dès les premières techniques et les premiers procédés de prédation. La flexibilité comportementale au Paléolithique se révèle par l'importance prise par les outils. Elle témoigne des facultés d'abstraction toujours plus puissantes et développées en continuité sur la base des expériences antérieures.

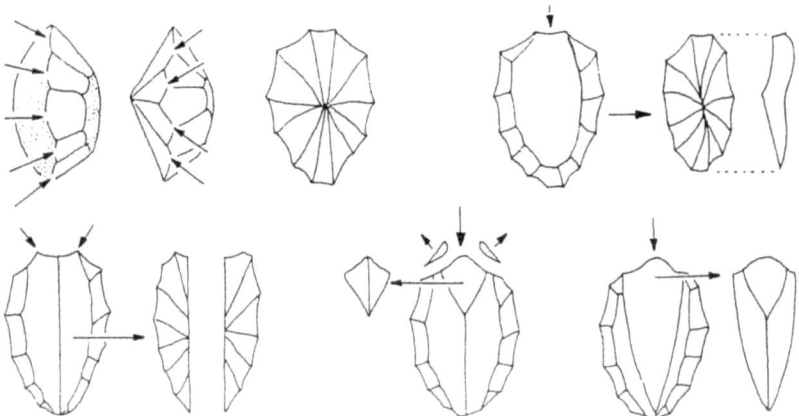

Figure 15. Les plus souples démarches apparaissent par convergence, partout sur la Terre, lorsqu'il s'agit de mettre en forme un outil léger. À la rencontre entre la prévision du besoin et les contraintes mécaniques des roches, une série de stratégies analogues s'élaborent. Il s'agit de réduire la masse transportable en lui donnant la forme voulue préalablement à son extraction du bloc. Une série de gestes stéréotypés sont organisés en séquences logiques, dont on reconstitue le fil grâce aux « remontages » opérés entre les différents déchets de préparation. On peut aussi y « lire » l'évolution de la pensée, la syntaxe générale et les modalités particulières. Les gestes successifs portés sur un bloc en déterminent la forme et répondent à des contraintes issues de l'éducation. (D'après A. Leroi-Gourhan, dans M. Brézillon, 1968.)

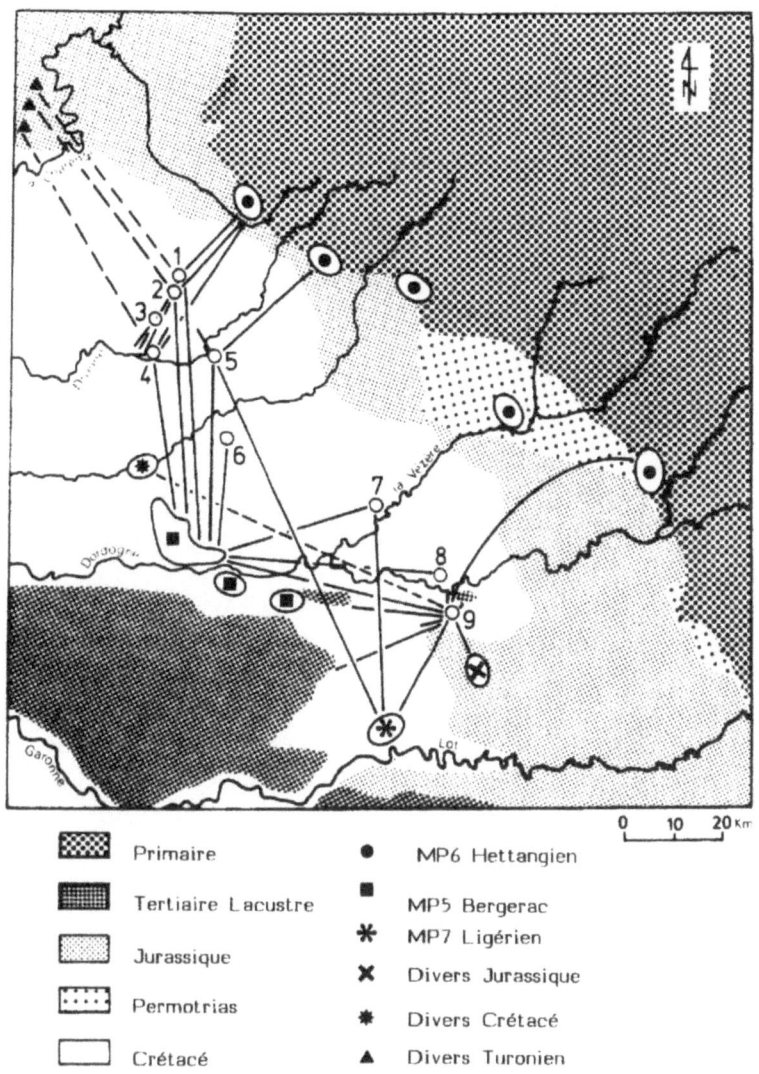

Figure 16. Les aptitudes à la prévision sont révélées par les modes d'occupation de l'espace. Ceux-ci peuvent être manifestés par l'emploi des matières premières lithiques retrouvées aux gisements archéologiques et dont on retrace les déplacements par leur détermination géologique. Un réseau de relations spatiales est ainsi reconstitué dans son aspect dynamique : chaque étape est représentée de manière variable selon l'emplacement. On peut donc démontrer la présence d'une pensée prévisionnelle mettant les besoins futurs en perspective. (Espaces moustériens en Périgord, d'après J.-M. Geneste, 1989.)

6. COMPORTEMENTS ORGANISÉS

Dans une société donnée, la coordination des gestes fonctionne comme un supra-organisme qui dicte, par la tradition, la diversité des actions à mener selon le déroulement du temps. Technicité, société ou religion se trouvent alors codées. L'intelligence individuelle n'y est donc plus une pure aptitude, mais se révèle par son efficacité, ses performances à apprendre et à

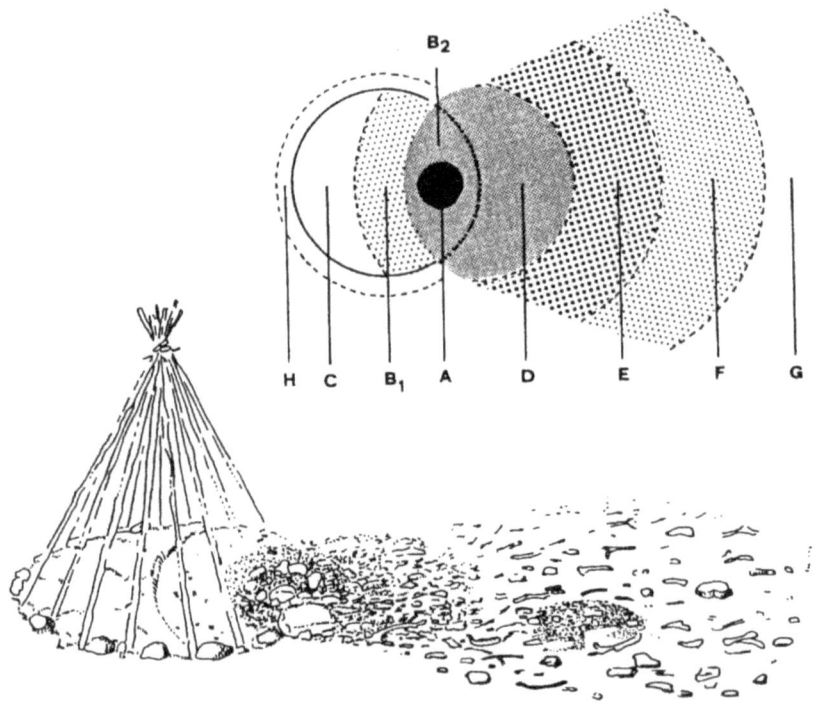

Figure 17. L'espace habité et bâti peut être reconstitué, dans son architecture, par les traces laissées au sol. Soit l'effet de parois («structure évidente») délimite l'abri, soit les aires de répartition des vestiges mobiliers («structures latentes») manifestent les fonctions qui s'y sont déroulées. Outre les activités, de tels plans d'habitat sont relatifs aux facteurs démographiques (extension du groupe) ou hiérarchiques (variations des richesses), d'un site à l'autre ou entre les unités spatiales elles-mêmes au sein d'un seul site. (Pincevent, Seine-et-Marne, Magdalénien récent; A : foyer, B et D-F : espaces d'évacuation; C : aire de repos; H; traces de la paroi indiquant l'emplacement de la tente; d'après A. Leroi-Gourhan, dans R. Desbrosse et J.K. Kozlowski, 1994.)

intégrer. Transmis par l'imprégnation culturelle, ces comportements organisés sont aussi le fruit d'expériences individuelles au cours desquelles chaque acte fut posé, tel un choix, devant une gamme de gestes possibles proposés par la tradition. Ce sont donc les déroulements de gestes considérés dans leur globalité qui manifestent alors les aptitudes à la prévision et à l'adaptation aux situations nouvelles. Cette «souplesse» adaptative nous apparaît comme un témoignage de l'imagination ou de la créativité. En réalité, il faudrait la replacer dans sa situation propre où le comportement organisé forme une réponse appropriée, précisément par la souplesse de son articulation et par la multitude des options accumulées (fig. 17).

En contexte archéologique, nous pouvons percevoir des procédés d'apprentissage, d'éducation et de reproduction à travers des productions techniques. Ils indiquent le degré d'aptitude minimum à atteindre à chaque moment dans l'histoire de l'humanité par chaque individu, afin d'être accepté par le groupe. Ces comportements paraissent «naturels» au sens où ils sont requis depuis l'enfance, par le geste et le langage. Ils trouvent leur justification dans l'adéquation aux coutumes qui limitent l'effet de l'imagination. Celle-ci ne pourra intervenir que dans la mesure où elle fonctionne en adéquation avec un milieu récepteur : une «invention» ne prend d'existence que lorsqu'elle correspond à une situation favorable dans un milieu donné (fig. 18). La marge individuelle de créativité est donc limitée, par rapport à l'importance prise par l'imprégnation sociale.

Rétrospectivement, ces comportements socialement organisés nous restituent néanmoins, au fil du temps, une progression générale des aptitudes conceptuelles atteintes par le groupe, donc par chaque individu qui le compose. En préhistoire, nous travaillons fatalement sur des performances globales, celles suffisamment importantes pour être perçues des milliers d'années plus tard, car elles furent utilisées un nombre indéterminé de fois, comme autant de «modèles» pour chacun. Par ailleurs, ces traditions furent ininterrompues sur de si longues durées

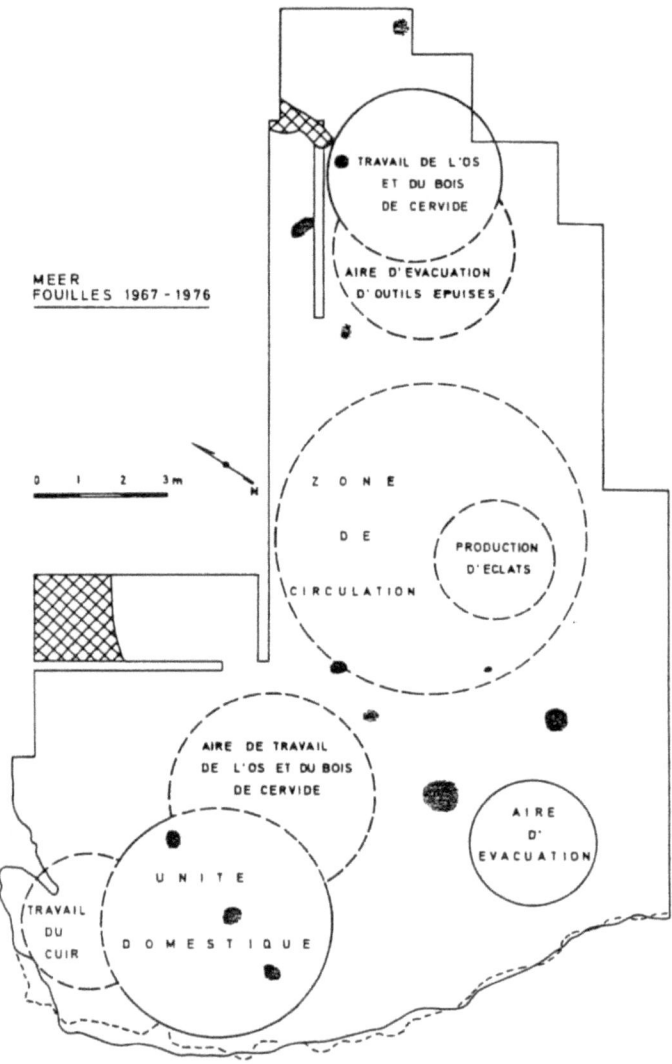

Figure 18. En combinant l'étude spatiale (structure latente) à la tracéologie (fonctions des outils) et aux remontages (étude dynamique des mouvements dans l'habitat), on peut approcher l'organisation interne d'un habitat. Ainsi peut-on voir la répartition des différentes activités dans un contexte domestique : travail du cuir, travail du bois ou de l'os, aires de façonnage ou aires de repos. On peut alors éclairer certains aspects du fonctionnement interne propre aux groupes paléolithiques considérés, puis les comparer structurellement les uns aux autres. Cette structure reproduit, comme les styles de l'outillage, autant de traditions culturelles différentes. (Site de Meer, Anvers, tradition des groupes à Federmesser durant l'Alleröd, vers 9.000 avant notre ère ; d'après F. Van Noten, 1978.)

qu'elles eurent un effet d'entraînement sur l'évolution humaine : désormais, l'esprit était en marche et orientait notre histoire vers plus de performances et de réalisations. En archéologie, nous ne travaillons hélas que sur les minimums d'aptitudes possibles à chaque moment : les potentialités réelles restent inaccessibles.

Chapitre 2
Les traces

1. L'ANATOMIE

Peu de traces restent visibles sur les restes osseux humains quant aux aptitudes à la pensée : seuls des schémas corrélatifs entre locomotion, préhension et volume crânien peuvent être supposés. La station debout facilitait la manipulation d'objets, donc l'élaboration conceptuelle, la coordination du mouvement et la maîtrise d'actions déroulées dans le temps (fig. 19). De la même façon, la station érigée a permis l'équilibrage de la boîte crânienne vers son centre de gravité. Les muscles qui la maintiennent horizontale chez les autre primates régressèrent vers la nuque, permettant le développement du volume et l'enroulement du cerveau (fig. 20).

Cette augmentation volumétrique est très sensible au cours de la première évolution humaine, des Australopithèques aux Néandertaliens (de 650 à 1.500 centimètres cube) (fig. 21). Par la suite, elle se stabilise et n'augmente plus guère. Cette capacité biologique se place donc au tout début de notre histoire anatomique, mais elle ne possède peut-être pas, en soi, une énorme signification. Davantage que le volume, c'est l'organisation interne du cerveau qui rend compte des possibilités cognitives. Ces parties molles ont totalement disparu et n'ont laissé que de vagues traces guère interprétables sur les parois internes des crânes. Les capacités anatomiques existent donc dès les origines, mais ce sont les réalisations qui nous importent ici. Celles-ci sont apportées par les produits de la pensée tels que les productions esthétiques ou les comportements sociaux.

En phase récente de cette évolution, des processus de convergence apparaissent en différentes régions avec la « modernisation » de l'encéphale par l'élévation du front et le

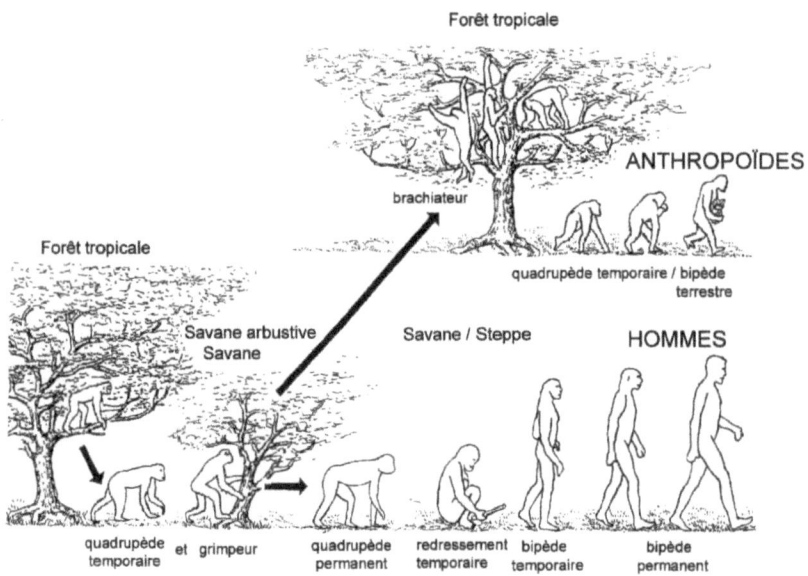

Figure 19. Le mode de locomotion bipède fut une des réponses possibles aux variations de l'environnement. Dans un milieu déboisé, le primate pré-humain doit d'adapter à une course rapide et modifier son régime alimentaire, désormais orienté vers les calories animales. Par ailleurs, l'absence de protection arborée a nécessité la solidarité du groupe pour la défense nocturne et celle des membres les plus démunis, par exemple au cours de l'éducation, toujours allongée. Ce système corrélatif n'est pas fermé ou déterministe : l'homme a pu quitter le milieu arboré parce qu'il était « prêt » à s'adapter à d'autres environnements, à de nouveaux défis. La modification du milieu n'est pas une cause de l'hominisation; elle n'en est que le cadre au sein duquel plusieurs choix furent possibles. (D'après J. Herrmann et H. Ullrich, 1991.)

retrait facial. Il s'agit peut-être de l'effet dû au développement de la pensée réfléchie et du langage, auxquels semblent correspondre les lobes frontaux du cerveau. Quoiqu'il en soit, le langage paraît indispensable dès les origines, d'après les réalisations techniques successives. L'aptitude phonatoire est même prouvée dès le stade néandertalien, comme l'atteste le développement de l'os hyoïde (attache des muscles linguaux) à la sépulture de Kébara, en Israël (Bar-Yosef & Vandermeersch, 1991).

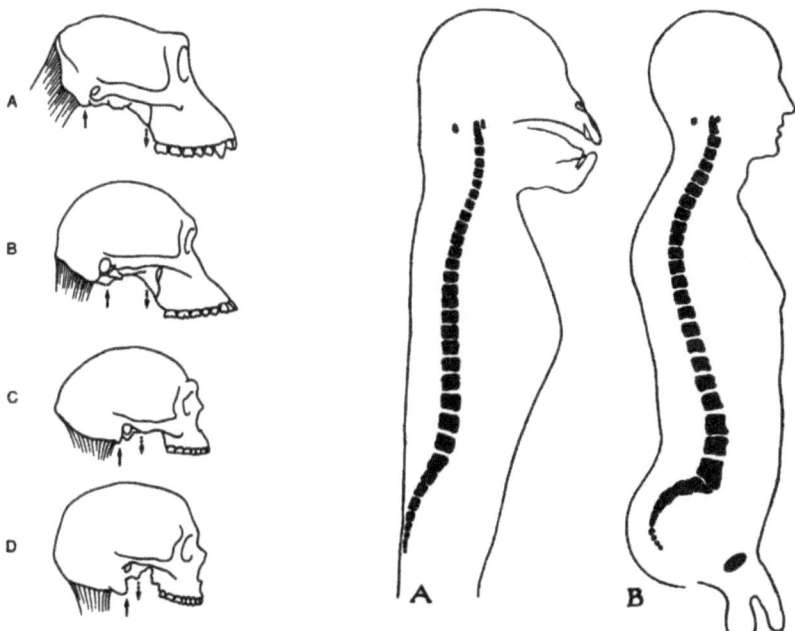

Figure 20. La locomotion bipède nouvelle implique une série d'autres modifications corrélatives, dont la sinuosité générale de la colonne vertébrale (B) et le positionnement centralisé du trou occipital, équilibrant la boîte crânienne (A à D). Ainsi, la tendance, issue de la bipédie, s'est-elle progressivement transférée au crâne par l'atrophie des muscles de la nuque et le retrait de la face. Ces deux facteurs combinés ont permis à leur tour la libération volumétrique de l'encéphale. L'essentiel de ce «moteur évolutif» fut donc la possibilité de corrélation entre le nouveau mode de vie et le jeu de la réflexion qu'il permettait. (D'après P. Tobias, 1983, dans M. Otte, 1999.)

L'aptitude physique à parler n'est toutefois pas suffisante; encore faut-il avoir quelque chose à dire. Or, la pratique de la sépulture, dès cette époque, de même que la prévision attestée par les techniques, nécessitaient un apprentissage abstrait, transitant par le langage, donc par la pensée. Tout se présente en effet comme si la « machine » humaine était prête, il y a environ deux à trois millions d'années, et que l'augmentation conceptuelle se soit faite dans la culture, comme un supra-organisme évoluant d'une façon autonome, plutôt que dans les capacités individuelles de chacun.

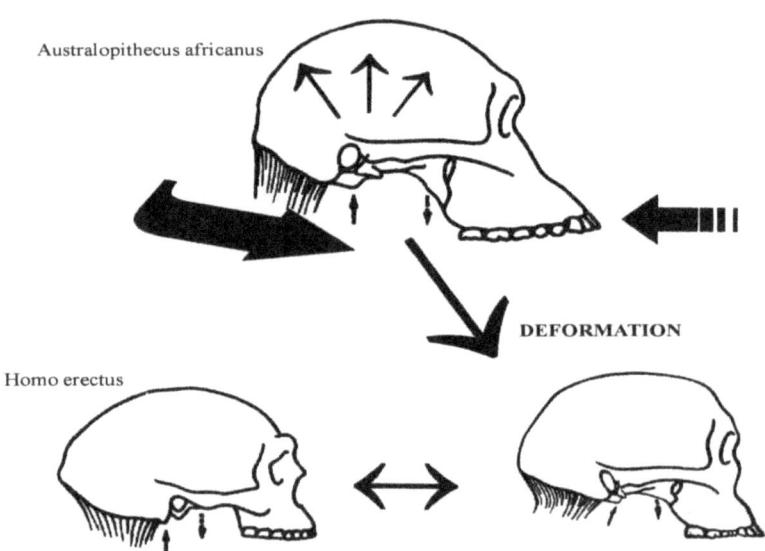

Figure 21. Conséquence de la locomotion, l'encéphale se « déverrouille » et les jeux combinés, par les retraits basilaires (la face et la nuque), suscitent la montée de la voûte. La même masse osseuse est alors étirée en lissant les bourrelets des arcades sus-orbitaires et du chignon occipital. Le même mouvement général permet de passer autant de l'Australopithèque à l'*Homo erectus* que de celui-ci à l'homme moderne (en bas, à droite). Aucune origine unique (« Ève africaine ») n'est requise, ni une quelconque invasion par des peuples plus « évolués ». Tout ce mécanisme reste une affaire de tendance, plus ou moins accentuée selon des critères démographiques et les rythmes mutationnels. (D'après M. Otte, 1999.)

Notre cerveau nous permet d'acquérir très vite ce qui nous est nécessaire à l'heure actuelle, mais ne nous permet pas de reconstituer le fil de l'évolution culturelle dans toutes ses étapes. Nous ne sommes programmés que pour acquérir la fin de l'histoire et, sans doute, pour passer le relais à d'autres ultérieurement. Nos capacités biologiques ne sont que contingentes et reflètent en cela l'effet d'une culture qui, elle, est en perpétuel perfectionnement.

C'est ainsi que l'acte créatif présente toujours le même effort d'imagination dans son moment particulier (en sciences, comme dans les arts), bien qu'il se fonde à chaque fois sur des bases différentes. Seul, au fond, notre regard rétrospectif (créateur lui aussi) restitue une évolution globale de ces « progrès » en les alignant les uns après les autres. Depuis longtemps, les bases anatomiques permettaient d'assimiler les connaissances suffisantes pour maintenir l'espèce en vie dans des environnements hostiles.

2. LES TECHNIQUES

Les techniques manifestent l'emprise de l'homme sur le monde par des procédés non anatomiques. Elles témoignent d'un basculement progressif du biologique au culturel au fil de leur élaboration et participent, en contrecoup, à la constitution biologique de l'humanité. L'univers technique se glisse comme un voile au contact entre la nature et la culture. On a souvent soutenu que la technicité, ou l'ensemble des processus techniques, prolongeait, dans l'humanité, l'évolution anatomique. Elle témoigne en tout cas d'aptitudes à la prévision et à l'invention, fondées sur la base d'expériences vécues. Ces innovations mécaniques successives reflètent la vie spirituelle des sociétés humaines et rendent compte d'un « progrès » de l'intelligence et des connaissances.

Les outils qui nous sont parvenus servaient à en fabriquer d'autres, dont les traces subsistent : des chaînes comportementales complexes se révèlent alors (fig. 22). Cet enchaînement gestuel provoque sa propre réaction sur l'homme qui la met en action, en étendant sa puissance et en structurant son organisation sociale par la spécialisation des fonctions. L'activité technique «couvre» tous les besoins et les réunit dans une formule propre au message traditionnel. Au sein de l'activité technique, on peut distinguer la mise en forme (l'outil), l'agencement (les emmanchements) et la mise en action (le moteur).

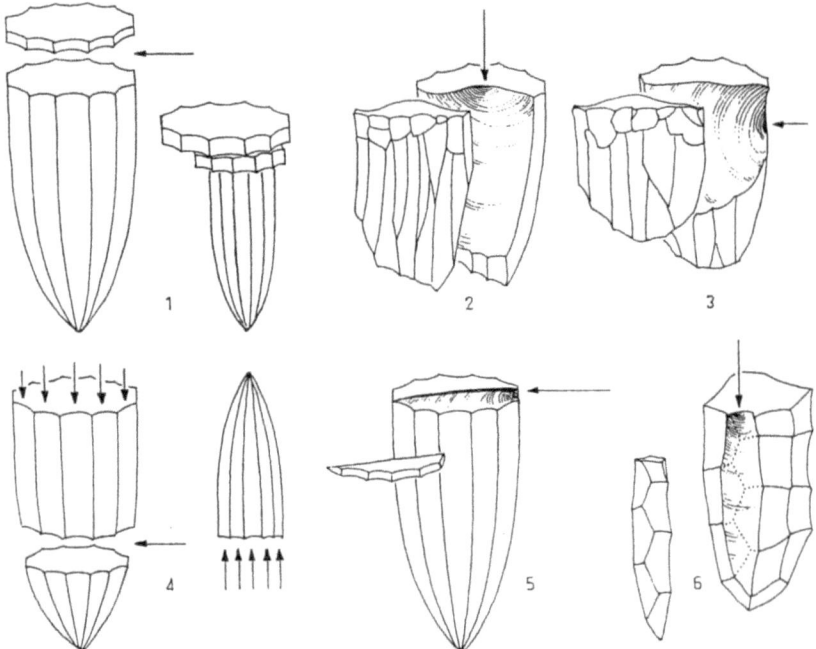

Figure 22. Les gestes fossiles sont reproduits par l'étude des stigmates de préparation laissés généralement sur les faces dorsales des restes lithiques : ils attestent ainsi des opérations antérieures à leur détachement. Ces séquences sont répétitives et propres à diverses traditions. Elles montrent l'importance des «manières de faire», intégrées dans un style technique et dans un style économique : chaque geste est à la fois porteur d'une pensée collective et s'intègre dans un mode de subsistance particulier inscrit dans son environnement naturel. (Remontages d'éléments d'entretien de nucléus à lames, d'après J. Hamal-Nandrin, J. Servais et A. Cheynier, dans M. Brézillon, 1968.)

Les stigmates laissés sur les outils de pierre permettent de telles reconstitutions : on y lit les schémas de pensée nécessaires à leur élaboration et les gestes produits pour leur mise en action (fig. 23). Ces « messages symboliques » nous sont transmis directement, de la pensée paléolithique aux objets découverts en fouille. Un peu comme dans une langue, chaque geste se trouve agencé en une « phrase », structurée par une syntaxe. Un reflet indirect du langage parlé est ainsi placé en perspective évolutive, comme s'il s'agissait de la pensée elle-même. Les techniques eurent aussi un effet rétroactif sur les possibilités cognitives en sollicitant perpétuellement la pensée. Au long terme, la modélisation de l'esprit s'est portée sur le support du geste technique.

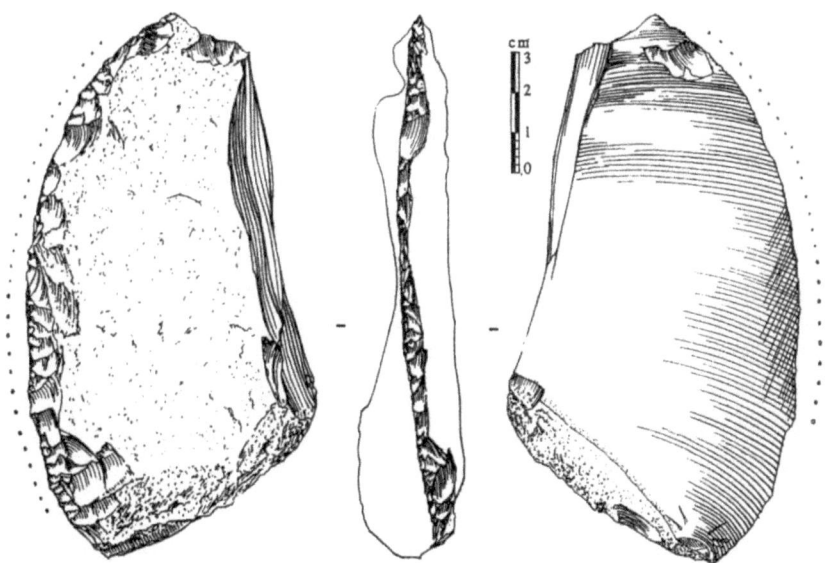

Figure 23. L'étude microscopique des traces laissées par l'usage des outils en pierre (« tracéologie ») indique le sens du mouvement lors de l'utilisation et le matériau sur laquelle cette action fut menée (ponctuations ; ici, raclage de peau fraîche). Ainsi, des chaînes techniques peuvent être reconstituées en cascade : des procédés de fabrication aux modes d'usage, en passant par les systèmes de fixation et les gestes d'utilisation. (La Combette, Vaucluse, d'après P.-J. Texier *et al.*, 1996.)

L'augmentation de l'emprise technique a été montrée, entre autres, par André Leroi-Gourhan (1964) via le rapport entre longueur et tranchant utile, et la masse de matériau utilisé. L'accroissement de l'efficacité est ainsi manifestée en même temps que la libération vis-à-vis des sources d'approvisionnement. Ce que cache ce rapport est l'augmentation de la complexité des gestes accomplis successivement pour atteindre cette efficacité. On décomposa ensuite les « chaînes opératoires » en séquences techniques emboîtées, chacune contenant une série de gestes coordonnés. Les traces laissées sur les roches taillées restituent alors des activités extrêmement complexes et articulées sous une forme logique et simple.

Tout « schéma » technique révèle en fait un mode de pensée à la fois traditionnel et adapté à chaque nouvelle situation. La pratique, aujourd'hui généralisée, des « remontages » techniques (sorte de puzzle à trois dimensions) permet de décoder ces séquences beaucoup plus nettement. Enfin, les fonctions auxquelles ces objets de pierre répondaient sont aujourd'hui accessibles par les traces microscopiques laissées par leur usage. Ainsi, d'autres chaînes opératoires viennent se greffer sur celles imprimées dans la pierre : confection d'outils en fibres végétales, travail des peaux, pratiques culinaires, manches.

Les préhistoriens ont établi des « modes » de développement technique. On distingue d'abord des éclats tranchants, destinés à façonner des tiges ligneuses. Ensuite, des blocs sculptés apparaissent, issus de galets aux bords rendus tranchants : la forme est dans le bloc et la taille sert à l'en extraire. Des concepts nouveaux apparaissent alors : des formes inédites, inconnues dans la nature, sont créées et reproduites. À ces formes correspondent des concepts et des idées, exclusivement culturels, transmis par le bloc et par la séquence gestuelle qui leur a donné naissance.

Des variations de formes répondent à la diversité des fonctions et des traditions. Ces deux modes coexistent pendant des centaines de millénaires, mais on sait aussi qu'ils étaient associés à des outils de bois très performants, conservés quelquefois dans des conditions exceptionnelles.

Un pas décisif est franchi lorsque les blocs furent façonnés afin d'en extraire des éclats préformés. La chaîne opératoire est alors beaucoup plus élaborée et comprend plusieurs séquences gestuelles intégrées, augmentant la précision du produit obtenu et sa légèreté. Utilisée pendant quelques centaines de milliers d'années, cette méthode révèle à la fois la performance, la prévision et la souplesse extraordinaires acquises par le comportement technique, pouvant rencontrer tous les besoins et permettant à l'homme de s'adapter à une large gamme d'environnements. Plus tard encore, la mobilité est telle et les outils de pierre sont si légers, si standardisés qu'ils entrent en combinaisons avec d'autres matériaux (os, bois) pour réaliser des armes complexes très élaborées, utilisant des colles et divers modes de fixation à la hampe. Les combinaisons « annexes » aux chaînes opératoires de pierre témoignent de divers emmanchements pouvant être suivis par la technologie préhistorique (fig. 24 et 25).

L'augmentation en puissance et en extension de la panoplie technique s'exprime comme autant d'aptitudes à la pensée et à la parole qui devaient la soutenir et la transmettre. Il est en effet nécessaire de maîtriser les concepts pour réaliser les méthodes et leur reproduction requiert l'emploi d'un langage placé à un niveau d'élaboration équivalent. Plus que les catégories, ce sont d'ailleurs les articulations « syntaxiques » qui apparaissent en progression exponentielle. Nous les lisons via les combinaisons de méthodes, mais chacune reste autonome au point de permettre la réalisation d'une infinité d'autres combinaisons, exactement comme dans une phrase construite avec les mots de la langue, selon les règles grammaticales. Si la langue nous reste inaccessible, les capacités langagières nous sont révélées.

La méthode archéologique nous permet d'établir qu'au moment même où la lucidité étendait son emprise par la technique, l'imagination et la métaphysique élaboraient des explications à la présence humaine, par les sépultures ou par l'art. Jamais, dans l'histoire de l'humanité, un «temps mort» n'est apparu au cours duquel l'homme fut purement technique : ses activités étaient toujours accompagnées de témoignages de son imagination et de son audace (chasse, migrations, habitat).

La plus puissante de ces activités imaginatives ouvertes dans le domaine technique est certainement l'emploi du feu, attesté il y a plus d'un million d'années, comme un catalyseur de la pensée. La maîtrise du feu permet de transformer la matière, d'apporter lumière et chaleur et de dominer le comportement animal. Le feu confère ainsi à l'esprit l'idée de sa puis-

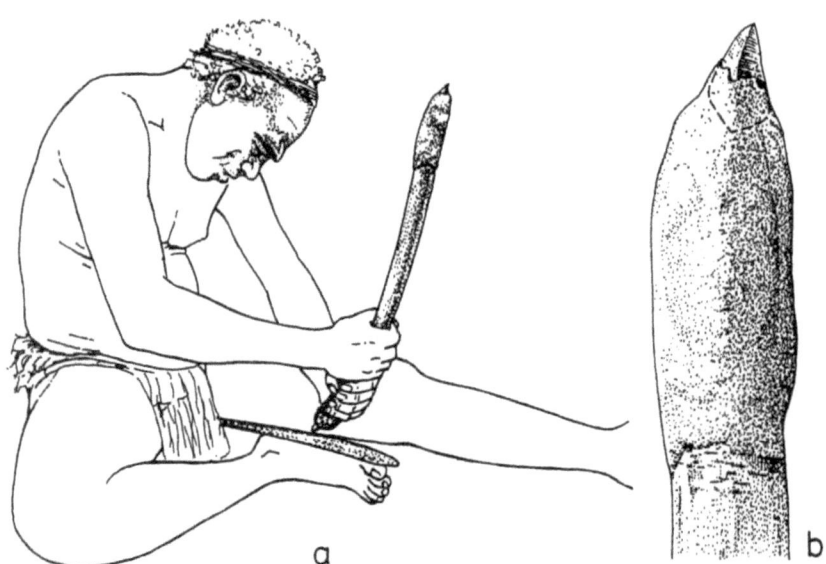

Figure 24. Un des gestes techniques élémentaires est l'emploi du levier, réalisable dès qu'un outil fut manipulé au bout d'un manche. De minuscules éclats de pierre sont taillés par l'usage et emmanchés à l'aide de gommes végétales. Ici, le levier est utilisé pour creuser un fût de bois par un mouvement de poussée forcée en rotation autour de la main servant d'axe : force et précision sont ainsi associées. Tous les très petits fragments d'outils paléolithiques ont pu être emmanchés et utilisés de la sorte. (Aborigène australien façonnant un boomerang et détail de l'emmanchement du minuscule grattoir utilisé, d'après J. Herrmann et H. Ullrich, 1991.)

sance, tout en solidarisant le noyau social où se groupent les individus, où se transmettent les savoirs.

Au fil du temps, on voit apparaître la percussion lancée (comme une hache), l'emploi du levier (le propulseur), puis des premières machines (l'arc). Cette extension démontre l'emprise technique sur les actions naturelles et la récupération des lois physiques au profit de l'intelligence. Cependant, nous ne voulons pas voir les techniques comme de simples reflets matériels de cette évolution de pensée, mais plutôt comme un moteur à la réflexion.

L'aspect fondamental à bien observer en technologie humaine est sa nature irréversible. Dès qu'elle s'installe comme composante évolutive, la technologie devient facteur évolutif, elle maintient l'espèce en vie ; à la fois, elle doit toujours être perfectionnée pour répondre aux sollicitations de l'esprit ; en même temps, elle provoque une modification profonde de l'anatomie avec laquelle elle est désormais en relation inséparable de cause à effet. L'appareil masticateur humain se réduit

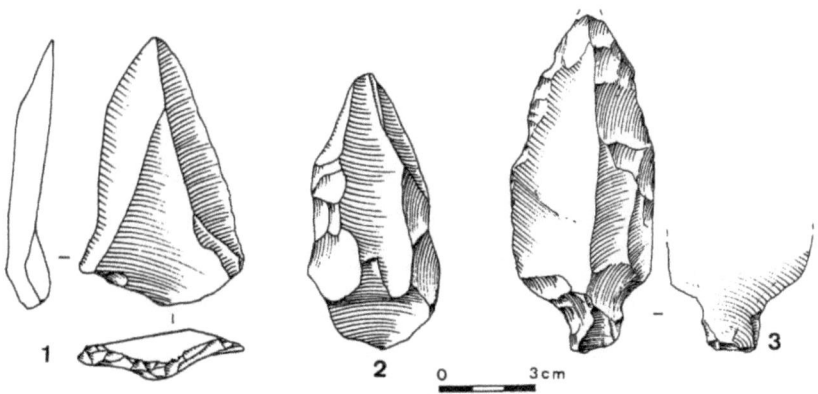

Figure 25. Les techniques ne révèlent pas seulement les aptitudes de la pensée sur l'environnement. Certains aspects témoignent aussi de choix délibérés, opérés entre une série d'autres formules possibles. Par exemple, la mise en forme d'éclats, allongés et appointés, peut être liée au système d'emmanchement, «déterminé» par la tradition, mais dont les traces subsistent sur l'extrémité en pierre (1 : base sinueuse, 2 : base amincie, 3 : base pédonculée, réalisées sur lames Levallois ; dessins M. Otte.)

dans la mesure où l'outil rencontre les fonctions de préparation alimentaire (préhension, découpe, broyage). Les besoins conceptuels nouveaux nécessaires aux techniques requièrent à leur tour un développement de l'encéphale, lui même libéré des fortes attaches musculaires devenues superflues. La manipulation et la transformation des objets suscitent la conceptualisation dans les différents plans, en temps successifs et selon une prévision mécanique organisée. Les trois pôles de l'anatomie humaine se trouvent ainsi mis en relation avec les activités techniques : boîte crânienne, mains et locomotion.

3. L'HABITAT

La notion d'habitat utilisée ici comprend le réseau des relations spatiales entretenues entre un groupe et son environnement, y compris les autres groupes. Cet habitat participe donc à l'équilibre établi par l'économie, les techniques et les règles sociales. Par exemple, l'acquisition de matériaux se trouve liée à l'environnement naturel et les ressources alimentaires dépendent des conditions climatiques. Dans de tels milieux, chaque tradition pose un choix, parmi les nombreux autres possibles (fig. 26). Il n'existe donc pas de déterminisme absolu dans ce sens, mais simplement un cadre limitant les possibilités de subsistance. L'habitat installe donc un réseau d'échanges avec le milieu, par les approvisionnements et les modes de vie. Dans le cas des sociétés humaines, l'habitat correspond aussi à une expression symbolique des rapports internes à la société, tels que le prestige ou les fonctions, expression manifestée par les décors ou la disposition : façades, points dominants, places publiques. Le passage des maisons antiques, tournées vers la cour, aux maisons médiévales, ouvertes vers la rue, est un exemple de ces modifications d'origines économique et sociale et reflétées dans l'habitat.

Au sens restreint, l'habitat rencontre les fonctions de protection (du regard ou des éléments naturels) et une délimitation symbolique de l'espace, selon les activités et les liens familiaux (fig. 27 et 28). En archéologie, on peut distinguer les composantes liées à l'implantation dans le paysage, en rapport avec la topographie ou aux matériaux. La répartition des objets au sol indique la disposition des éléments structuraux (parois, supports) et la répartition des activités au sein du groupe. On peut aussi estimer la durée des occupations et leur rythme

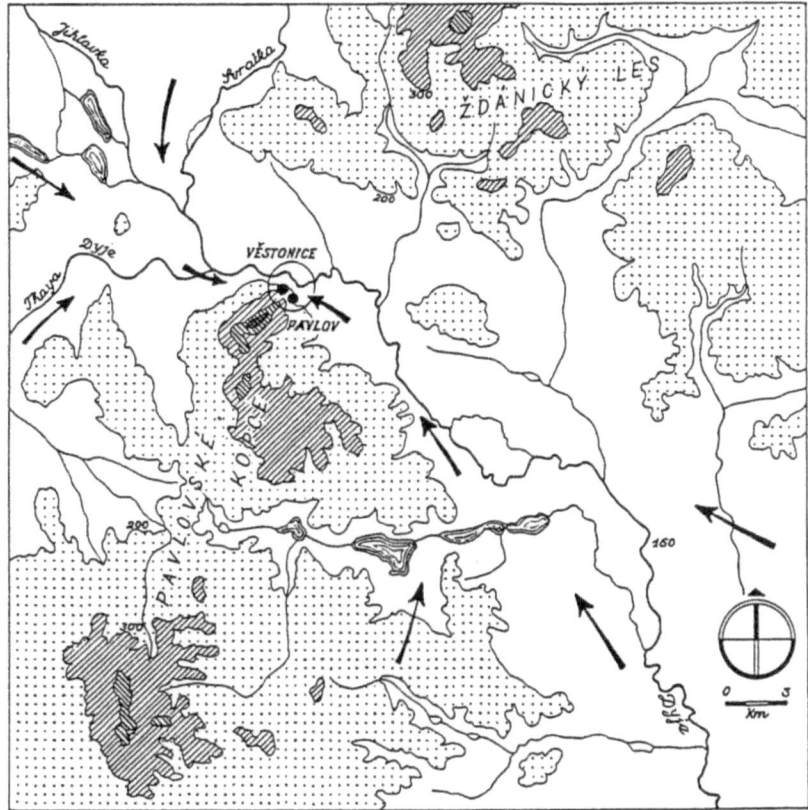

Figure 26. Le mode d'installation dans la paysage reflète également le choix traditionnel, exprimé ici dans le type d'existence et d'insertion dans l'environnement naturel. La topographie, les conditions climatiques, autant que les mouvements migratoires du gibier peuvent être reconstitués. Ainsi, le réseau d'implantation des sites dans le paysage suggère la répartition fonctionnelle des activités et le morcellement du groupe au cours de l'année. (Sites de Dolní Vestonice et Pavlov, avec les mouvements saisonniers du gibier, Moravie méridionale ; d'après B. Klíma.)

Figure 27. La répartition des activités sur le sol d'occupation est très ancienne. Cette « organisation » de l'espace apparaît en fait avec l'humanité ; elle est rendue par la dispersion des vestiges abandonnés (outils et ossements). Dans ce site du Paléolithique inférieur, on voit apparaître des concentrations, liées à certains outils employés à la découpe et à la préparation de certaines espèces abattues et ramenées à l'habitat : cerfs, aurochs, rhinocéros, par exemple. Les activités de débitage, de mise en forme et d'utilisation des outils sont également exprimées clairement dans l'espace occupé. (Soucy I, d'après V. Lhomme et al., 2000.)

d'installation, selon les périodes de l'année, l'éclatement du groupe et l'exploitation des diverses ressources. Par-dessus tout, les foyers forment un centre autour duquel gravitent les activités d'éducation et de transmission des informations, du domaine technique à la mythologie.

En rassemblant toutes ces données selon le fil de leur déroulement, on observe une structuration toujours plus explicite de l'espace habité. Les comportements du Paléolithique inférieur montrent des concentrations ovales d'outils, de foyers et de restes osseux, sans répartition interne évidente. Au Paléolithique moyen, on voit des espaces construits où se répartissent les fonctions, se répondant dans le paysage, d'un site à l'autre. Les phases récentes manifestent d'évidentes structures d'habitat construites, variant selon les traditions et le mode de dispersion

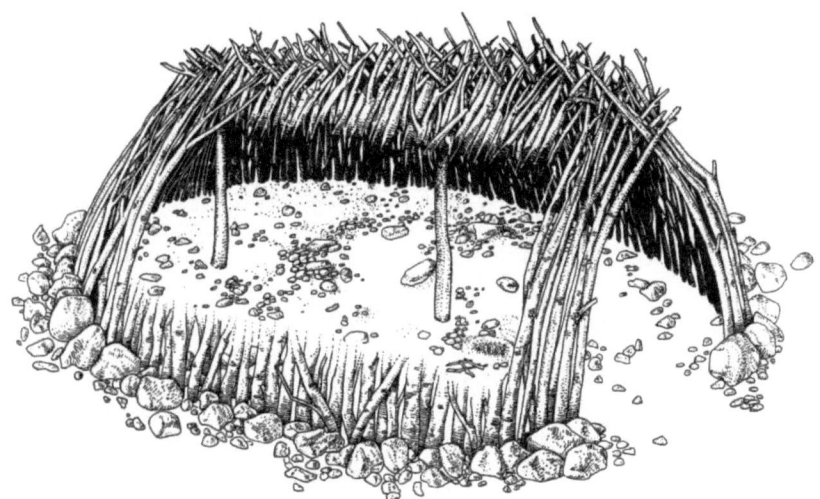

Figure 28. Dès les premiers temps de l'évolution humaine, les espaces furent délimités, entre une aire « domestique » ou intérieure, et le reste du monde, naturel et « sauvage ». Cette délimitation de l'espace par une paroi en faisait une aire socialisée où l'éducation était assurée et où les partages étaient opérés. Cet abri construit désigne un lieu pour le retour des différents membres du groupe, reconnu dans le paysage, sorte d'appel symbolique vers la communauté. Ces traces au sol apparaissent dès l'époque des Australopithèques à Olduvai (Tanzanie) et se maintiennent à travers tout l'Ancien Monde, au cours du Paléolithique inférieur. (Terra Amata ; d'après un concept de H. de Lumley, dans I. Tattersall, 1995b.)

dans le paysage : huttes, yourtes, cabanes. Les liens sociaux se trouvaient renforcés par les traditions architecturales permettant à la pensée de se construire et de se conformer aux articulations internes du groupe, reproduites dans la distribution spatiale. Un « plan » social peut ainsi être révélé par les traces au sol montrant comment ces règles régissaient la pensée à chaque moment de l'évolution humaine. Au-delà de l'habitat et des activités, c'étaient donc les modes de penser la cohésion du groupe qui étaient respectés et donc, pour nous, restitués.

4. LA CHASSE

L'organisation de la chasse témoigne des capacités à la coordination entre les membres du groupe et de l'aptitude à la prévision portée sur le comportement du gibier. Cette activité est présente dès les origines de l'humanité, tel un agent de la pensée. Elle révèle le défi lancé par l'homme à la nature. En effet, les autres grands primates sont essentiellement végétariens (frugivores, herbivores). La chasse manifeste une intention de survie au détriment d'autres vies animales analogues à la nôtre : il a fallu tuer et consommer une chair dont nous sommes également faits. Cette nécessité devait être rencontrée pour quitter la ceinture forestière originelle. L'esprit humain se révèle là dans toute son audace : il a fallu modifier son régime alimentaire pour conquérir des espaces nouveaux, dépourvus de calories végétales en suffisance. La chasse y a suppléé.

À mesure de l'extension à travers l'Ancien Monde, les techniques de chasse se sont adaptées aux différents gibiers, en harmonie avec l'environnement. Ces techniques nous sont léguées par les traces archéologiques : l'épieu (fig. 29), la sagaie (fig. 30), l'arc (fig. 31) furent successivement inventés. Les masses caloriques, calculées sur les restes osseux fauniques, montrent l'importance démographique du groupe concerné, donc la nécessité de coordination par une large communauté. Par ailleurs, les traces laissées sur les ossements

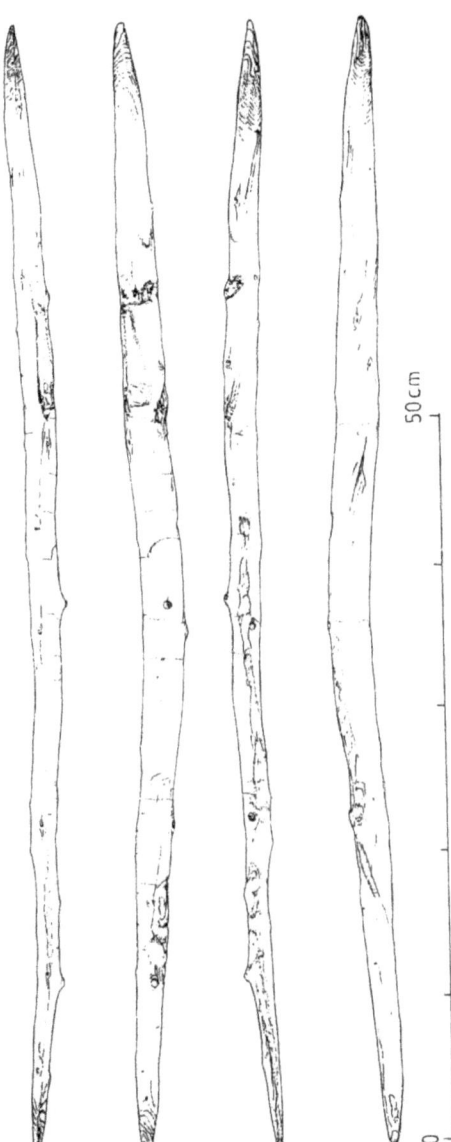

Figure 29. Sagaie de pin, datant d'environ 450 mille ans, premier témoignage d'arme à lancer appointée aux deux extrémités et équilibrée pour la projection. Avec d'autres pièces de même type, elle témoigne d'une technologie très complexe, mêlant la pierre au bois et, surtout, maîtrisant la distance dans la mise à mort du gibier. Le rapport direct, au corps à corps, avait ainsi perdu sa signification première d'un combat, celui d'un échange de la vie. (Schöningen, Allemagne centrale; d'après H. Thieme, 1996.)

Figure 30. Le propulseur apparaît au Paléolithique supérieur, vers 20 mille ans au moins. Il utilise le principe du levier pour démultiplier la force du bras, lors du lancer par un mouvement de rotation arrêtée. Spécialement adapté aux paysages ouverts, tels que la steppe et la toundra, il était surtout utilisé dans la chasse aux animaux vivants en troupeaux (rennes, chevaux). Sa conception et son emploi généralisé démontrent la maîtrise technologique de la distance et du temps combinés. (D'après J. Hahn, H. Müller-Berke et W. Taute, 1985.)

restituent les pratiques de découpage et de distribution opérées par le groupe (fig. 32). On voit, par exemple, que certains membres des proies abattues étaient apportés aux sites et d'autres laissés aux lieux d'abattage (fig. 33). Des règles de partage devaient régenter l'activité de chasse et la répartition de ses produits. Comme pour les chasseurs d'aujourd'hui, la chasse n'est pas seulement une ressource alimentaire, mais surtout un moyen d'acquérir du prestige au sein du groupe et d'y définir son rang social, particulièrement à l'adolescence.

Nous disposons pour le Paléolithique de listes d'animaux abattus, avec leur courbe d'âges et de sexes, outre la représentation des différents membres rapportés aux gisements. Toutes les gammes de gibier pouvaient être concernées et la chasse témoigne d'une souplesse d'adaptation remarquable, donc d'aptitudes à l'observation, à la compréhension et à la prévision. La

Figure 31. L'arc est la première « machine » réellement attestée. Sa conception et son utilisation sont universelles et procèdent par convergence sur des fonds culturels très variés, dès que l'environnement en favorise l'emploi (espaces couverts). Il a ainsi pu « disparaître » et être réinventé à plusieurs reprises au cours du Pléistocène, selon les circonstances. Il s'impose comme arme préférentielle en Europe au cours du Mésolithique, lorsque les chasseurs s'orientent vers des gibiers fugaces, en milieux forestiers. Il convient donc à une chasse à l'affût, rapide et silencieuse, qui implique moins que dans la steppe la solidarité de tout un groupe. (Bochiman ; d'après J. Herrmann et H. Ullrich, 1991.)

plupart des sites montrent une grande diversité de pratiques ; d'autres sont très spécialisés vers une espèce (par exemple, le renne, le cheval ou le bouquetin). À Lehringen, en Saxe, le corps d'un éléphant contenait encore l'épieu de bois fiché dans la panse, à la mode des Pygmées aujourd'hui. Plus tard, les armatures sont plus légères et sont tirées au propulseur ou à l'arc : les pointes de sagaies osseuses en témoignent, de même que les microlithes enchâssés latéralement sur des fûts de bois.

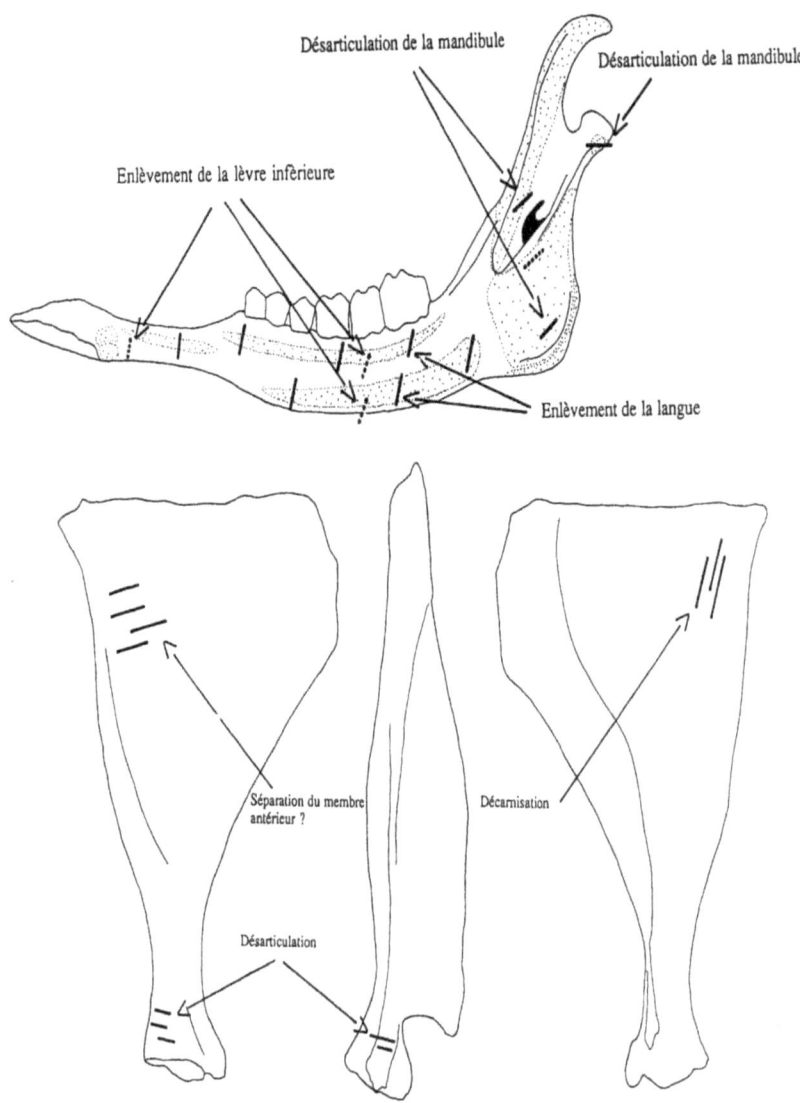

Figure 32. La chasse implique le partage, d'abord avec la nature, puis entre les membres de la communauté. De telles pratiques sociales se trouvent manifestées par les traces de découpes et de boucherie laissées sur les ossements animaux ramenés aux gisements. Ces traces montrent la découpe en quartiers de viande, dont les vestiges, répartis sur le sol de l'habitat, restituent la hiérarchie interne et les règles de division respectées. (Boucherie du cerf, pratiquée sur mandibule et omoplate, au Lazaret, près de Nice; d'après P. Valensi, 1991.)

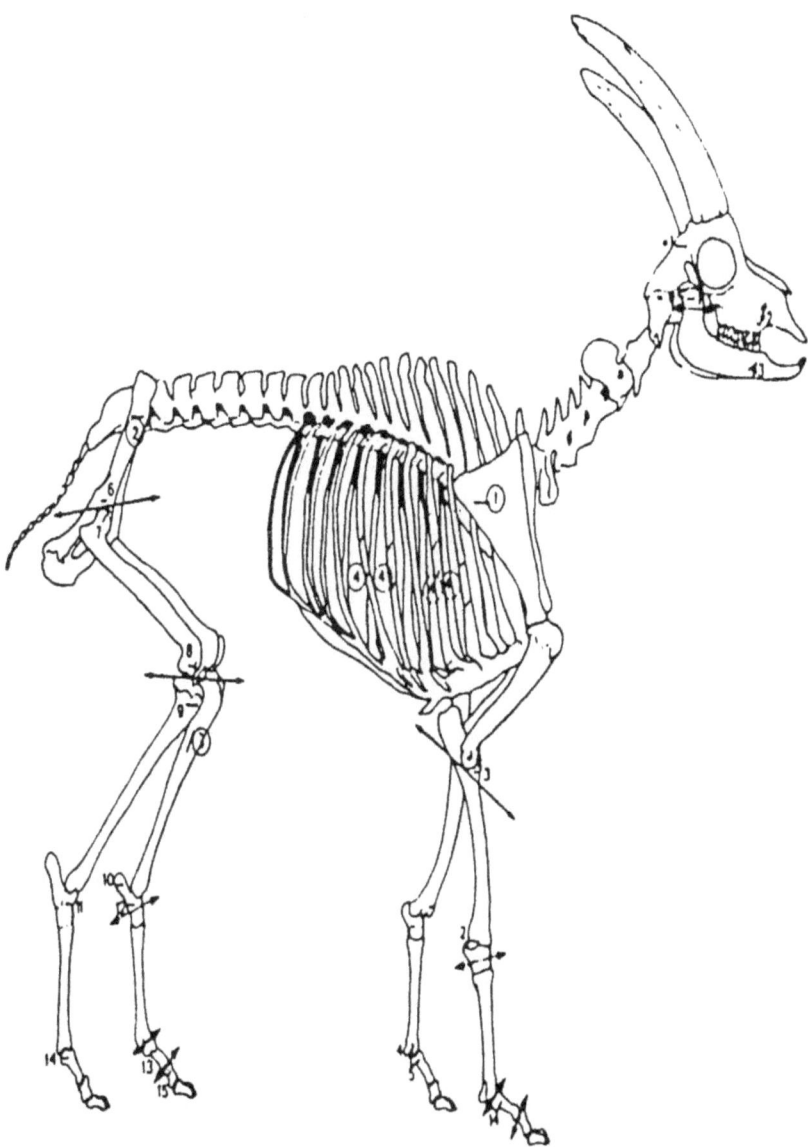

Figure 33. Le retour de la chasse implique des répartitions à caractère fonctionnel et symbolique. Tandis qu'une partie des vestiges est laissée à la nature, sur le lieu d'abattage, d'autres sont découpées pour être ramenées à l'habitat. Ces pratiques sont restituées par les répartitions des vestiges, d'après le squelette original du gibier. Des règles de répartition de l'«ordre social» sont ainsi retrouvées dans les reliefs des repas distribués sur le sol. (Découpe du bouquetin au Lazaret, près de Nice; d'après M. Patou, 1986.)

5. L'ART

La pensée proprement humaine ne se révèle pas que par la lucidité et le raisonnement. Une bonne partie se trouve liée à la sensibilité et à l'émotion : elle ne trouve aucune justification pratique, seulement une source de satisfaction esthétique. Dès les origines, toute forme créée contient une part « stylistique », d'abord dans la mesure où elle s'oppose aux formes naturelles. On voit ensuite se dessiner une « histoire des formes », non seulement dans l'outillage, mais aussi dans la répartition des objets et le mode d'emprise sur le paysage. Bientôt apparaissent des formes spécifiques aux traditions distinctes qui évoluent parallèlement en véritables filiations. Ce sont donc des « modèles » de formes techniques, non réductibles à leur fonction pratique mais issues de goûts, de tendances provenant d'habitudes prises par la pensée. Enfin, ces styles imprègnent des domaines non techniques et l'on voit apparaître des colorants dès le Paléolithique moyen, puis des formes naturelles récupérées, réinvesties : minéraux, fossiles, trophées.

À cette époque, des sépultures apparaissent également, attestant la sensibilité et la métaphysique (il y a environ 100.000 ans). Souvent, les outils du Paléolithique ancien (bifaces, éclats Levallois) possèdent des critères plastiques harmonieux supplémentaires à leur utilité : symétrie, finition, matériau. Nous trouvons encore du plaisir à les manipuler aujourd'hui, imprégnés qu'ils sont, en outre, de toute leur précieuse vétusté, de leur valeur testimoniale et du symbole qu'ils incarnent.

Le sentiment esthétique le plus puissant apparaît bien sûr avec l'image représentant une réalité mythique faite d'animaux disposés en association syntaxique (fig. 34). Même dépourvu de son sens premier, cet acte figuratif nous touche encore d'emblée. Nous sommes sensibles à sa texture, à ses teintes, à ses silhouettes analogues aux réalités vécues. Nous y pressentons le sens profond et mystérieux : cette « intelligence » du monde, car le mythe fait directement écho en nous. Le message plastique

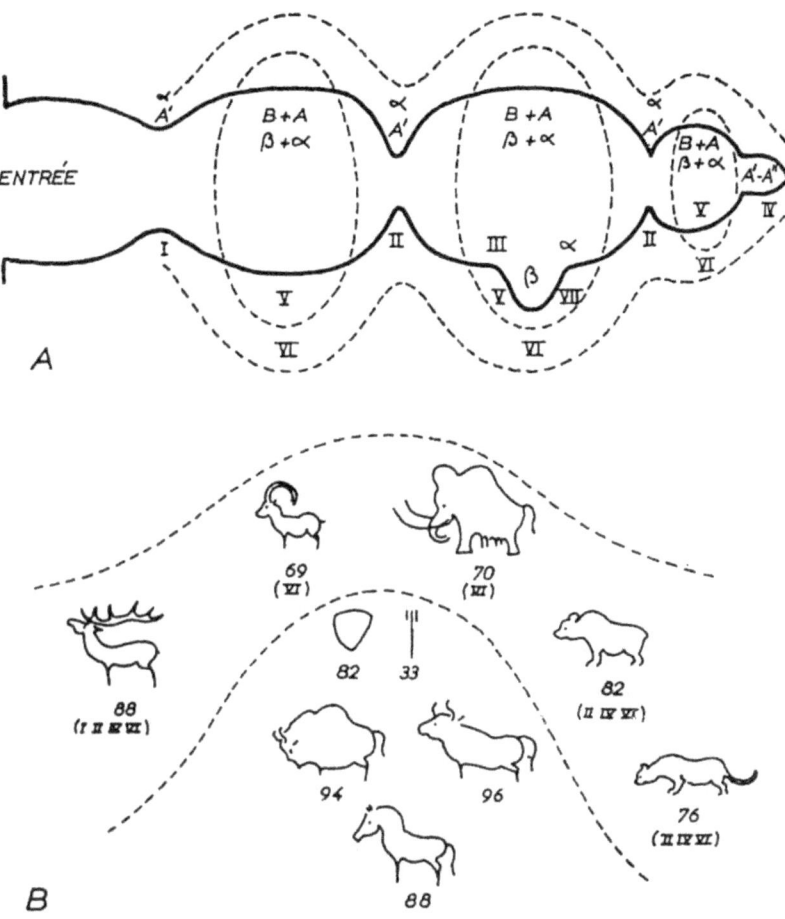

Figure 34. Avec d'autres chercheurs, A. Leroi-Gourhan a bien montré la structuration de l'espace mythique, reflétée dans la composition de l'art paléolithique. Cette relation soutient un «récit», à la fois par les agencements des figures entre elles (en bas) et par leur répartition au sein de l'espace rocheux (en haut). Ces «récits» varient d'une grotte à l'autre ou en fonction des périodes, mais ils possèdent toujours une signification témoignée par la construction de l'espace figuré. Autant d'images, révélant des concepts mythiques partagés par le groupe, s'organisent selon des liens logiques, sans doute exprimant une conception du monde, elle aussi agencée sous une forme cohérente. L'art reflète, sur le plan religieux, ce qui était également maîtrisé sur le plan technique. Ensemble, ils forment les deux pans d'une pensée harmonieuse et puissante, en perpétuelle mouvance. (Dispositions statistiques des figures dans les grottes décorées au Paléolithique supérieur; d'après A. Leroi-Gourhan, 1964b.).

Figure 35. La « révolution » du Mésolithique se manifeste en grande partie via les images. Désormais, la figure humaine s'y impose comme dominante et centralisatrice : elle y mène l'action, la coordonne et lui donne un sens. L'esprit humain s'affranchit encore davantage des lois naturelles et fonde sa propre destinée. Désormais aussi, les figures entretiennent un rapport nouveau entre elles, établi sur l'analogie avec la réalité ; une « mise en scène » s'introduit. Non seulement, les figures sont majoritairement d'apparence humaine, mais aussi l'action représentée obéit à l'univers quotidien sur lequel l'homme a établi son emprise. La réalité vécue prend plus d'importance que le mythe : c'est le début des religions classiques, qui dictent un destin dans la vie de chacun. (Abris du Levant espagnol au 7e millénaire ; d'après H. Obermaier et P. Wernet.)

paléolithique reste très chargé de cette puissance émotionnelle qui l'a fait naître et qui le perpétue. Par l'image, nous sommes passés de la « relique » propre au Paléolithique moyen (bois de cerfs, mandibules) à l'évocation d'une réalité virtuelle, détachée désormais de la nature et possédant sa propre histoire. Nous y voyons des styles évoluer, témoins de la représentation que l'artiste pouvait se faire du monde spirituel où il baignait : du très allusif au très détaillé, du mysticisme au naturalisme. L'art se schématise, en fin de parcours, pour se réduire à des signes restés incompréhensibles, en dehors de leur contexte.

Cet art paléolithique, si impressionnant aujourd'hui encore, n'a pas cessé, au cours de son existence, de produire de l'émotion aux regards qui lui furent jetés. Moins qu'un reflet de la pensée, l'art paléolithique a produit une sensibilité et a guidé les sociétés préhistoriques successives dans leurs croyances, leurs mythes et leurs valeurs. L'art fut un cadre expressif aux cérémonies. Comme la pensée, il la bâtit plus encore qu'il ne la reflète. C'est ainsi que ces figurations furent animalières tant que les sociétés furent chasseresses. Un basculement s'opère vers les images humaines (fig. 35) dès que l'homme prend son destin en main par l'agriculture, au Néolithique.

6. LA RELIGION

Toute action consciente implique l'existence d'un monde réel sur lequel elle a prise, doublé d'un monde sacré, inaccessible. Le fonctionnement même de notre pensée implique l'existence de vérités ultimes donnant un sens à notre perception. Cette notion de sacré est universelle et fonctionne en miroir par rapport à l'emprise de la conscience. L'organisme social forge une explication globale réservée à cette part inaccessible des forces naturelles. Ainsi se trouve intégré ce sentiment du mystère pressenti par chacun. La « religion » alors constituée se transmet comme une structure externe, au fil des générations, et acquiert un statut dogmatique, bientôt remis en cause au nom

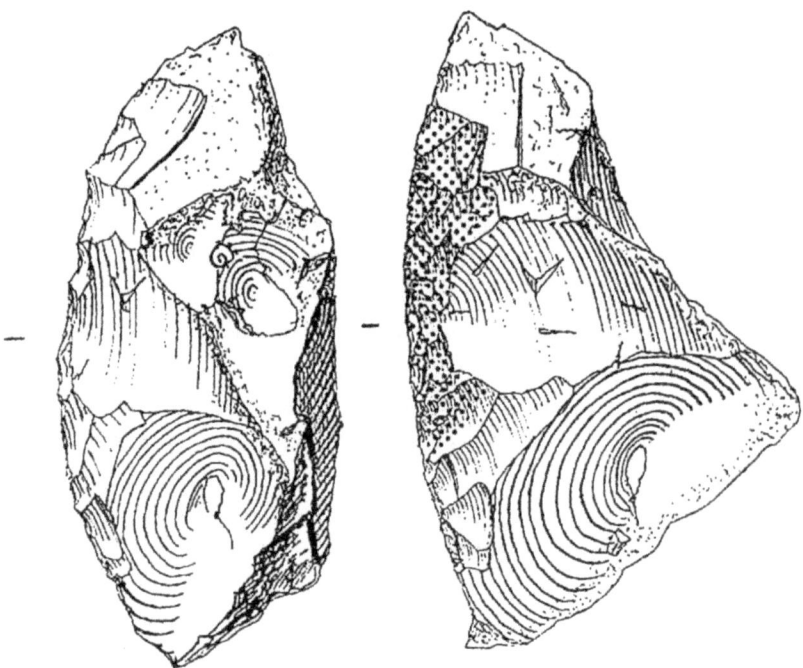

Figure 36. Des traces indirectes d'activités symboliques se manifestent parfois sous la forme d'emploi de colorants. Ils apparaissent sporadiquement dès le Paléolithique moyen, il y a une centaine de millénaires, et renvoient à des notions d'esthétique ou de significations différées suggérées par la couleur (le rouge du sang, le noir des ténèbres). Un jeu de fonctions symboliques s'ajoute alors aux conceptions purement techniques, telle que la forme ou l'usage d'un outil. (Traces de colorant noir sur le front d'un racloir moustérien; d'après S. Beyries et P. Walter, 1996.)

du sentiment individuel du sacré. Cette pulsation détermine l'histoire du phénomène religieux, propre à toute humanité, à chaque fois adapté à la situation particulière, mais aussi présent perpétuellement.

Ces témoignages illustrent parfaitement le fonctionnement de la pensée, car ils englobent à la fois la lucidité nécessaire à la conscience, la sensibilité propre à la notion de sacré et la solidarité exprimée dans l'institution religieuse. Chez les peuples chasseurs d'aujourd'hui, aucune action individuelle n'est soustraite à l'emprise religieuse. La conception animiste omniprésente implique une participation spirituelle à toute forme de vie, à commencer par celle des hommes, en profonde intégration à la vie naturelle des plantes, des animaux et du cosmos. Dès qu'il y eut conscience, il y eut donc aussi sentiment religieux : les techniques en témoignent autant que l'audace nécessaire pour conquérir de nouveaux territoires (fig. 36). Les trophées humains (calottes crâniennes) ont pu correspondre aux actions fétichistes précisément orientées vers les parties céphaliques des corps préservés, dès le Paléolithique ancien. L'emploi du feu, à la même période, étendait le pouvoir de l'esprit humain en lui conférant cette impression de dominer les élément comme les forces naturelles elles-mêmes. Cette assurance fut davantage métaphysique que mécanique : elle permettait les conquêtes sur le monde, d'abord par la pensée, puis physiquement.

Avec le Paléolithique moyen et les premières sépultures, il ne fait plus de doute que l'homme imprime un destin à son existence, en se distinguant de la condition animale, dont la chair est viande. La sépulture protège le sort collectif des humains : ils ne sont pas voués à disparaître au profit d'autres espèces ou de la régénération naturelle (fig. 37).

Au cours de la préhistoire récente, des manifestations religieuses plus complexes et plus riches se développent successivement dans l'art et les rituels (fig. 38, 39 et 40). Le shamanisme fait probablement son apparition, ainsi que la magie et les rituels d'initiation. Quelques traces subsistent également du domaine sentimental, sous la forme d'instruments de musique et de rares figurations. En particulier, certaines grottes peintes manifestent des aires de sonorités particulières correspondant aux espaces décorés (Dauvois, 1989), comme s'il s'agissait de « temples » où l'incantation magique s'accompagnait d'une émotion profonde liée à l'espace, aux sons et au mystère des révélations mythiques. Tel un indicateur de la pensée, les images religieuses défilent au cours de la préhistoire en précé-

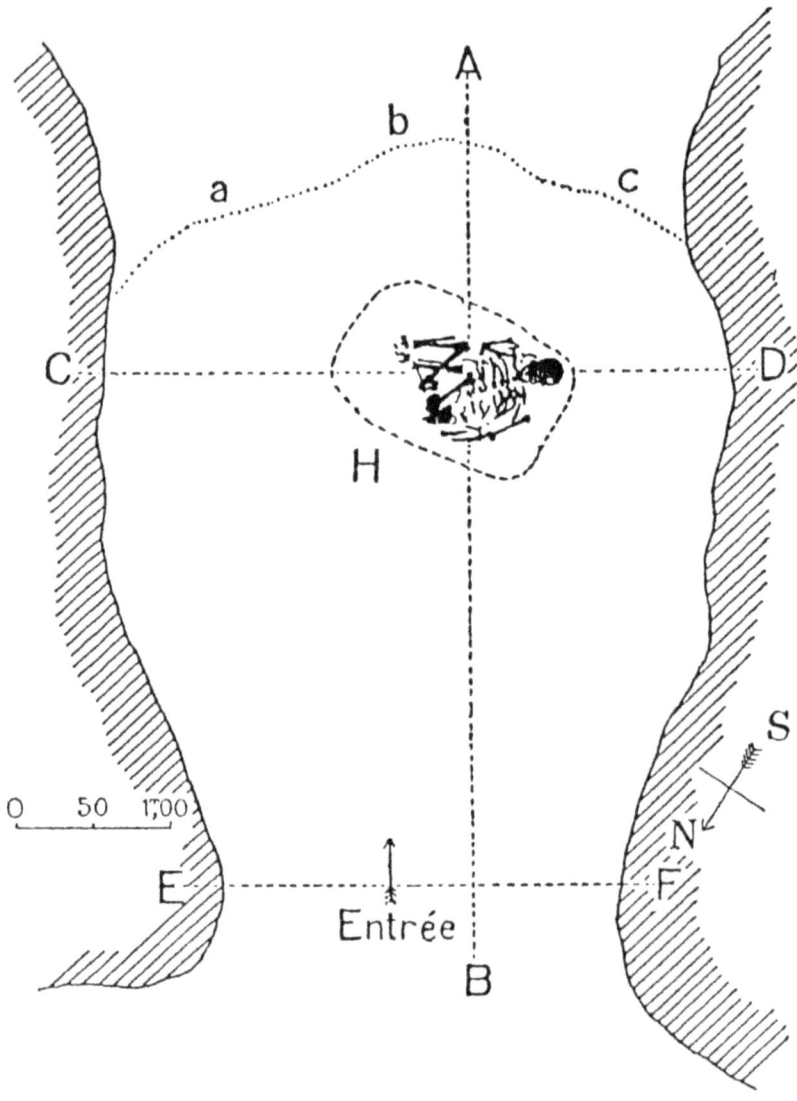

Figure 37. La manifestation la plus évidente d'une pensée métaphysique est formée par les premières sépultures, il y a au moins 100 mille ans. L'intention de protéger un défunt en lui donnant un autre destin que les ossements animaux, manifeste cette volonté d'affranchissement de l'homme vis-à-vis des forces naturelles : il ne s'y trouve plus condamné, malgré l'analogie de la mort et des vestiges qu'elle laisse. Ces analogies sont effacées par les rituels d'ensevelissement : fosse creusée, corps fléchi, trophées abandonnés, destin sublimé. (Sépulture néandertalienne de La Chapelle-aux-Saints, Corrèze ; d'après M. Boule, 1909.)

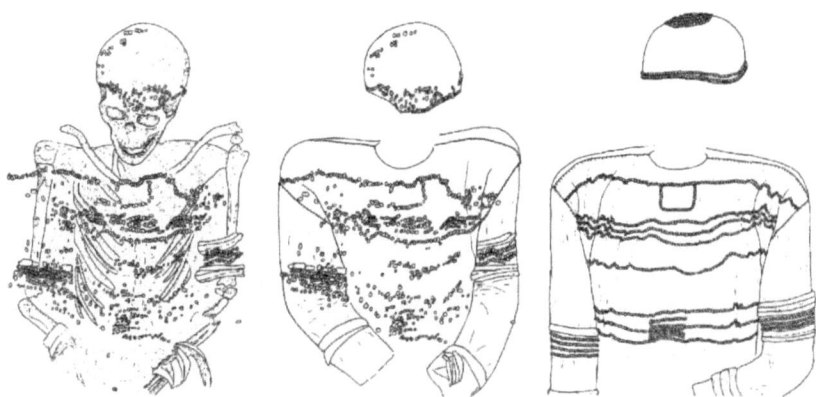

Figure 38. Les pendeloques apparaissent avec l'utilisation de l'image, au Paléolithique supérieur. Elles sont souvent faites à partir de dépouilles animales : dents, coquilles, ivoire, ossements. Façonnées puis percées, elles sont ensuite portées comme des signes d'appartenance clanique ou hiérarchique. Elles témoignent du rang ou du statut atteint par l'individu qui les porte. Les relations troubles qu'elles suggèrent vis-à-vis de l'animal soulignent que ce rang est établi en référence à la nature sauvage, dominée et récupérée sous la forme d'une marque sociale. Tout le défi religieux lancé par l'esprit paléolithique s'y trouve contenu. (Sépulture de Sungir', vers 21 mille ans, près de Moscou et reconstitution du vêtement auquel les pendeloques étaient cousues ; d'après A. Scheer, 1984.)

dant à chaque fois les innovations techniques : polissage d'objets rituels avant les haches, argiles modelées et cuites avant la poterie, images taurines avant la domestication, figures humaines avant l'agriculture, c'est-à-dire avant la sortie du Paradis...

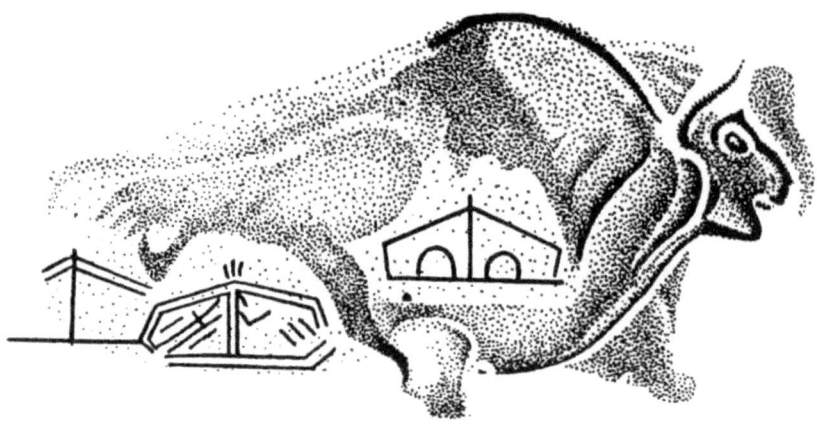

Figure 39. Au fil du temps, les images se superposent et le message plastique se construit. Une double démarche porte l'histoire des signes monumentaux au Paléolithique. Certains sont directement transposés de la nature à la paroi, après sélection et accentuation des traits significatifs. Ce choix lui-même suppose un sens donné aux forces et aux formes naturelles : il n'est jamais aléatoire, ni dévié vers le naturalisme. Le second cheminement subi par les formes touche leur schématisation. De l'analogie au signe, une perte de «substance plastique» nous déroute dans leur reconnaissance : ils se réduisent à des schémas, rigoureux toutefois dans leur construction. En phase récente de cette évolution, on voit se combiner les signes de différentes natures, vers une expression globale dont nous ne saisissons que les agencements et dont le sens est perdu. Néanmoins, l'émotion visuelle perce encore sous ces images et la valeur significative de tels agencements est évidente. (Peinture de Font-de-Gaume, Dordogne ; d'après J. Jelinek, 1975.)

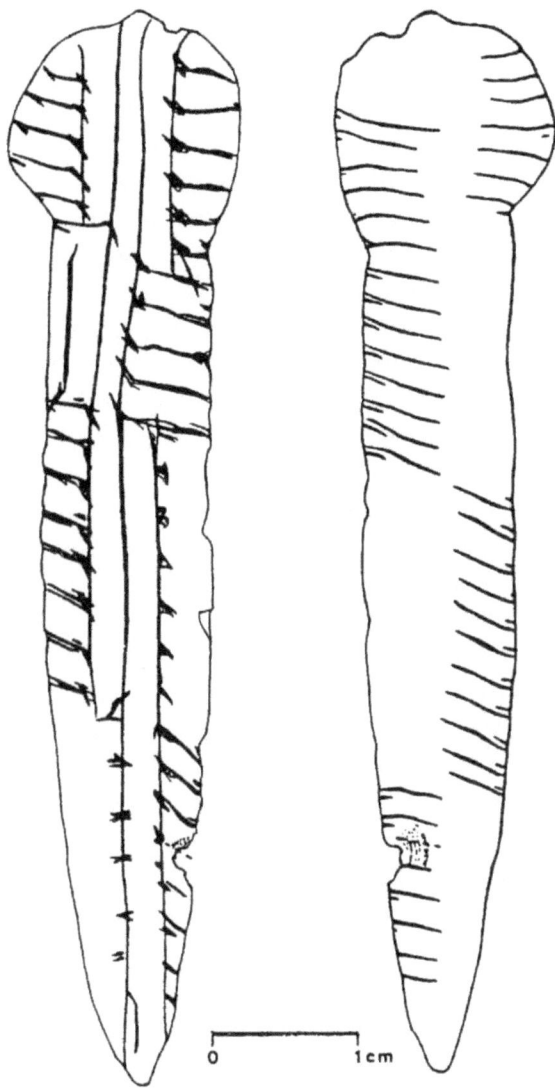

Figure 40. À la fin du Paléolithique, les signes géométriques l'emportent progressivement. On assiste aussi à des décomptes programmés (encoches, tracés sur des ponctuations antérieures), à des compositions symétriques construites sur un axe. L'image animalière se décompose pour laisser place à un langage codé et structuré. La pensée est ainsi contractée dans des messages denses, réduits à des signes impliquant le calcul, la prévision, la maîtrise du temps futur. Une forme de clairvoyance s'exprime alors, qui impose un ordre au monde, bientôt sous forme de domestication. (Plaquette osseuse incisée, provenant de Remouchamps, vers 8.500 ans; d'après M. Dewez, 1974.)

Chapitre 3
L'évolution : capacités et réalisations

1. LES ORIGINES

La séparation entre les primates non humains et notre famille semble s'être opérée il y a environ une dizaine de millions d'années. Les traces d'hominidés bipèdes apparaissent vers 6 à 7 millions d'années. À partir de cette phase, l'évolution se poursuit selon deux grands groupes : les Australopithèques et le genre *Homo* (fig. 41). Pour l'instant, cette histoire ancienne se trouve cantonnée à l'Afrique orientale et méridionale. Sur ce continent, les latitudes sont des plus variées et donnent lieu à des adaptations de vastes amplitudes. Mais c'est aussi là que les dépôts anciens furent le mieux conservés (d'autres surprises attendent peut-être ailleurs l'histoire de l'humanité la plus primitive).

L'enclenchement s'est opéré en liant divers facteurs : biologiques, sociaux et culturels. La libération des mains favorisa la manipulation d'outils, tandis que les liens sociaux permirent la division des tâches et la transmission des acquis techniques, par le geste et le langage. Surtout, l'emprise sur le monde permise par l'outil façonné sollicita l'imagination, l'audace et l'indépendance vis-à-vis des contraintes naturelles. Les premiers

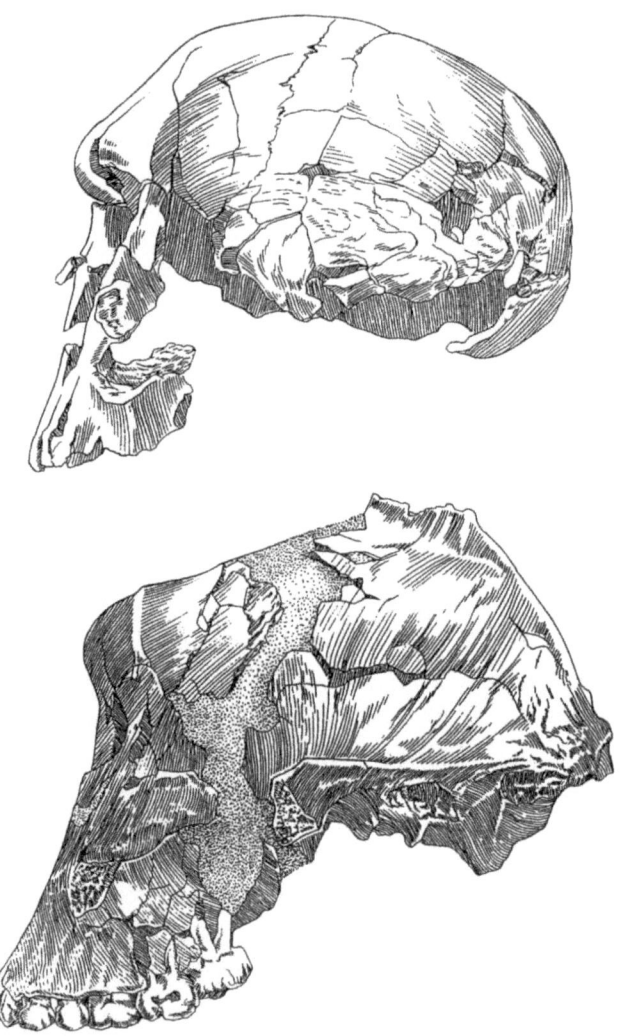

Figure 41. Entre quatre et deux millions d'années, différentes formes d'hominidés coexistent, groupées en deux classes essentielles : l'Australopithèque (en bas) et le genre *Homo* (en haut). La locomotion bipède fut, dans les deux cas, la condition par laquelle les autres processus allaient s'enclencher : libération des mains, développement de l'encéphale et rétroaction de la pensée vers les activités symboliques. Progressivement, les représentants des Australopithèques se sont éteints et le genre *Homo* s'est diversifié et étendu à travers l'espace de l'Ancien Monde. Probablement, le «jeu» de la solidarité, du partage à l'éducation protégée, a dû prendre un rôle crucial dans ce processus «sélectif culturel». (En haut : *Homo habilis* KNMER-1470, Kenya; en bas : Australopithèque *boisei* OH 5 d'Olduvai, Tanzanie; d'après Leakey, Tobias et Napier, dans Y. Coppens, 1983.)

objets façonnés apparaissent entre 2 et 3 millions d'années en quelques points d'Afrique (fig. 42). Ils témoignent d'intentions répétitives, de stéréotypes, donc de schémas conceptuels qui ont pu à la fois les programmer et les répéter. Ces concepts

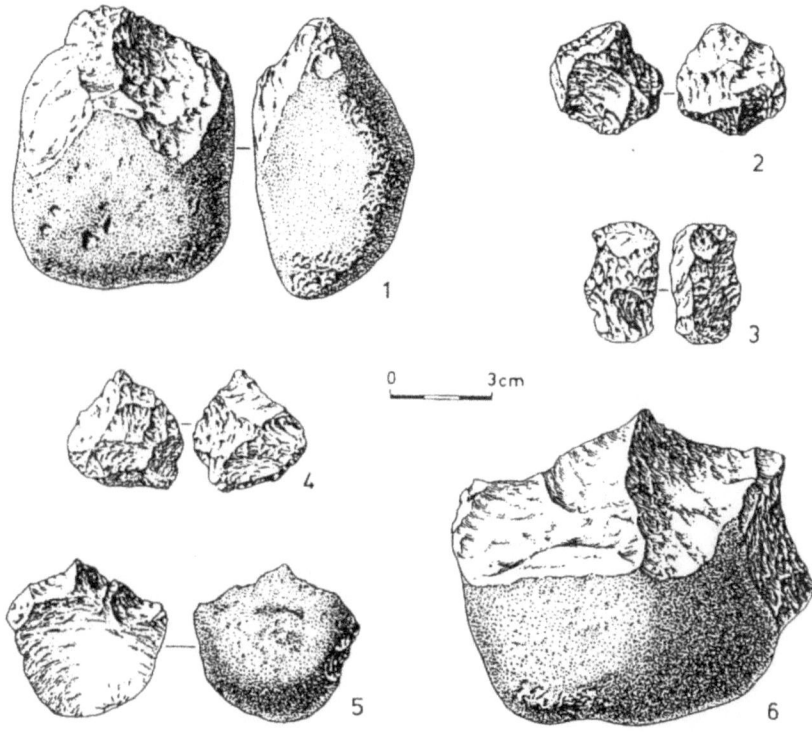

Figure 42. Le premier outillage de pierre apparaît entre 3 et 2 millions d'années. Ces premières formes sont artificiellement extraites de la nature dont elles récupèrent la dureté et la pesanteur des roches. Leur régularité suggère déjà l'existence de concepts qui permettent de les reproduire et de les diversifier. En outre, une autre chaîne technique y fait suite, car ces outils sont utilisés pour en fabriquer d'autres, en fibres végétales. La pensée humaine est désormais sollicitée par le succès de son action sur le monde : elle transforme la matière et échappe partiellement aux lois naturelles. Elle suscite ainsi l'audace, déjà assumée lors du départ de la forêt protectrice vers les paysages ouverts de la savane. Ces « succès » emboîtés permettent à l'espèce de s'imposer via son comportement symbolique et non plus seulement par ses aptitudes anatomiques originelles. (Olduvai FLKN, galets aménagés et petits nucléus sur éclats ; d'après M. Leakey, dans G. Bosinski, 1996.)

élémentaires libèrent des contraintes biologiques et requièrent l'abstraction pour leur maintien et leur développement.

Des traces d'habitat furent repérées au sol, montrant des concentrations d'activités liées à la récolte, aux partages, aux techniques. Il existe donc des lieux de protection et de regroupement, où un espace intérieur était délimité. La définition d'un espace créé artificiellement rend compte des liens sociaux requis pour l'éducation.

Un comportement purement culturel est ainsi élaboré, s'opposant aux forces de l'instinct et à l'héritage biologique. L'opposition entre la nature et la culture s'est alors enclenchée et la tradition impose désormais ses choix. La bipédie permet l'installation en milieux ouverts, facilite la vision de loin, la course rapide et les mouvements de jet. Cependant, le développement de l'encéphale reste le plus crucial et le plus spectaculaire. Il fut permis par l'atrophie des muscles masticateurs, induite par la préparation par les mains et l'équilibrage du crâne. Mais ce fut par l'emploi des concepts langagiers et techniques que les valeurs s'instituèrent. Des notions d'efficacité, de prévision, de déduction ont du être fondées pour que l'espèce nouvelle s'impose aux contraintes naturelles. Un effet corrélatif s'est alors déclenché grâce au succès atteint par cette nouvelle formule d'existence et de sélection : les plus aptes ne furent pas les plus robustes, mais ceux qui étaient mieux disposés à apprendre vite et à imaginer de nouvelles formules comportementales.

La transformation de l'environnement par l'outillage sollicite de nouveaux raisonnements et ces aptitudes acquièrent une valeur, discriminante et positive. Le basculement vers une alimentation plus large que celle des herbivores permit l'expansion à d'autres milieux que la forêt originelle. Mais la nécessité de tuer pour manger fit naître ce sentiment de puissance, étendue progressivement aux forces naturelles. Cette prise de conscience fut fondamentale, car elle suscitait perpétuellement le défi, l'imagination et la solidarité. Par l'extension de son pouvoir contre les forces naturelles, l'homme prit conscience de sa propre nature, de la possibilité ouverte à se forger soi-même une destinée. Désormais, les lois biologiques n'ont cessé de reculer, l'anatomie eut tendance à se stabiliser et les perfectionnements se portèrent toujours davantage vers les réalisations extérieures au corps.

2. LE PALÉOLITHIQUE INFÉRIEUR

Cette immense période débute avec les Australopithèques récents en Afrique et s'étend jusqu'aux Néandertaliens en Europe. En termes techniques, elle oscille entre les blocs sculptés, essentiellement africains, les outillages primitifs d'Asie et s'arrête aux éclats préparés de type Levallois ou équivalents. La période couverte est immense : d'environ 2 millions d'années en Extrême Orient, elle s'étend — selon les régions — jusque vers 2 à 3 cent mille ans. Cette énorme durée correspond aux fondements de l'humanité, durant laquelle les sociétés humaines élaborent leurs valeurs, leurs règles de fonctionnement et leurs systèmes économiques. Le témoignage de ces succès est donné, outre par la grande durée de perfectionnement, par l'extrême extension géographique dont notre espèce fait alors l'expérience, s'adaptant à toute forme d'environnement.

Les territoires d'Asie du Sud-Est (Java, Indonésie), d'Asie Centrale (Riwat, Pakistan) et Orientale (Longupo, Chine) sont occupés très anciennement, vers 2 millions d'années. En Géorgie, les hommes de Dmanisi sont datés d'1,7 million d'années. À travers l'Europe, des traînées de sites, depuis l'Ukraine jusqu'à l'Espagne, manifestent différents mouvements d'expansion, répartis en plusieurs vagues, à partir d'un million d'années environ, essentiellement dans ses franges méridionales (Korolevo, Ceprano, Atapuerca). Si l'origine ultime semble bien africaine, la diffusion originelle reste liée à la ceinture tropicale d'abord, avant de s'étendre aux aires septentrionales de l'Asie, enfin à l'Europe par voie continentale, au nord des mers Noire et Méditerranée.

Cette immense conquête territoriale démontre à elle seule l'importance prise par les activités spirituelles dans cette humanité primitive : il fallait d'abord donner des explications mythiques à ce monde avant de le conquérir physiquement. Cette extension témoigne de l'audace et de l'imagination déjà acquises par l'humanité d'alors, afin de surmonter des obstacles inédits, des défis nouveaux, naturels et humains, lancés au fil des migrations. Pourtant, cette extension originelle eut lieu avec un succès tel que les populations actuelles de toutes les régions du monde ont subsisté jusqu'à nous, adaptant l'économie, la croyance et la pensée à chaque moment ou en chaque milieu, en dépit de modifications extrêmement profondes de l'environnement.

Sur le plan anatomique, on classe généralement l'ensemble de ces formes sous l'appellation générale d'*Homo erectus*, car il fut le premier à être reconnu bipède, à la fin du XIXe siècle. On sait aujourd'hui que cette caractéristique-clef est beaucoup plus ancienne et conditionne l'origine de l'humanité (vers 6 millions d'années). De nombreuses formes régionales sont contenues sous ce vocable général ; elles sont, soit à valeur géographique (Sinanthrope, *H. heidelbergensis*, Atlanthrope), soit à valeur chronologique (*H. rudolphensis*, *H. habilis*, *H. ergaster*). La stature est droite ; la capacité crânienne augmente régulièrement et se situe entre 1.000 et 1.500 centimètres cube, soit très proche ou équivalente à celle de certaines populations actuelles. En Europe, la forme classique d'*Homo heidelbergensis*, le plus souvent associée au Paléolithique inférieur, est également accompagnée de formes plus évoluées, jadis dénommées «présapiens» (Swanscombe, Steinheim) et qui montrent bien la grande variété des populations locales issues soit d'Asie, soit d'Afrique. Leur point commun réside dans l'augmentation de l'encéphale, sans doute par rétroaction : plus la nourriture est préparée manuellement, moins l'appareil masticateur naturel a du sens ; il se trouve ainsi atrophié et en perpétuel retrait par rapport à la face. Ce processus s'opère partout de façon autonome et provoque la «modernisation» de la silhouette humaine, en tout temps et en tout lieu, dès que la culture s'installe et fonctionne comme agent sélectif. C'est pourquoi il n'y a pas de raison de chercher une origine géographique ponctuelle à un mécanisme si général, si profond et si commun à toute humanité. Ce mécanisme révèle lui aussi l'emprise de la spiritualité (par exemple liée aux équipements) dans le mode de vie général dans cette humanité primitive.

L'élaboration des rapports sociaux est alors révélée par la structuration de l'espace habité (sites de Gomboré, Melka Kunturé, en Éthiopie). On y observe la constitution de parois, l'aménagement intérieur où l'outillage et les ossements sont distribués. On y perçoit des règles de partage et de transmission. Tout un modèle théorique devait être élaboré pour l'organisation de la chasse et la prévision du comportement animal. Une signification symbolique était alors liée à l'espace délimité au sol (technique, culinaire, protectif). Le produit de la chasse était lui-même redistribué selon des règles exprimant la solidarité du groupe.

La mise à mort de l'animal par la chasse ne suppose pas seulement une pensée prévisionnelle, mais implique surtout des valeurs morales. L'animal, perdant son sang et sa vie, entretient l'analogie avec le propre destin de l'homme. Alors maîtrisée par la conscience du chasseur, la vie animale est mise au service de la vie humaine. Plus encore, la consommation de cette chair sacrifiée posait un acte sacrilège de l'humanité sur la nature. Toute cette réflexion, sociale et métaphysique, requiert l'élaboration de la pensée, d'explications logiques et un support langagier. L'action de l'homme sur la nature transitait par l'arme, la technique, le langage et l'imagination.

Nous disposons de témoignages dans les domaines matériels par la présence d'outils élaborés en pierre, dont les traces d'usure indiquent qu'ils furent utilisés pour façonner d'autres outils, en bois. L'emprise technique s'étend ainsi à diverses matières et à différents domaines mécaniques. En phase récente et surtout en Afrique apparaissent des formes sculptées, bifaciales et symétriques, de régularité manifestement liée à un sentiment esthétique (fig. 43). La finesse de la taille, le choix du matériau, la régularité des silhouettes font de ces outils-bifaces de véritables œuvres d'art auxquelles nous sommes sensibles encore aujourd'hui. Cet aspect « superflu » donné à la beauté du biface en fait un symbole davantage qu'un outil. Sa répartition est d'ailleurs limitée, à la fois dans l'espace et dans le temps, montrant bien qu'il n'était pas nécessaire sur le plan utilitaire, mais que sa beauté y ajoutait un sens supplémentaire (fig. 44).

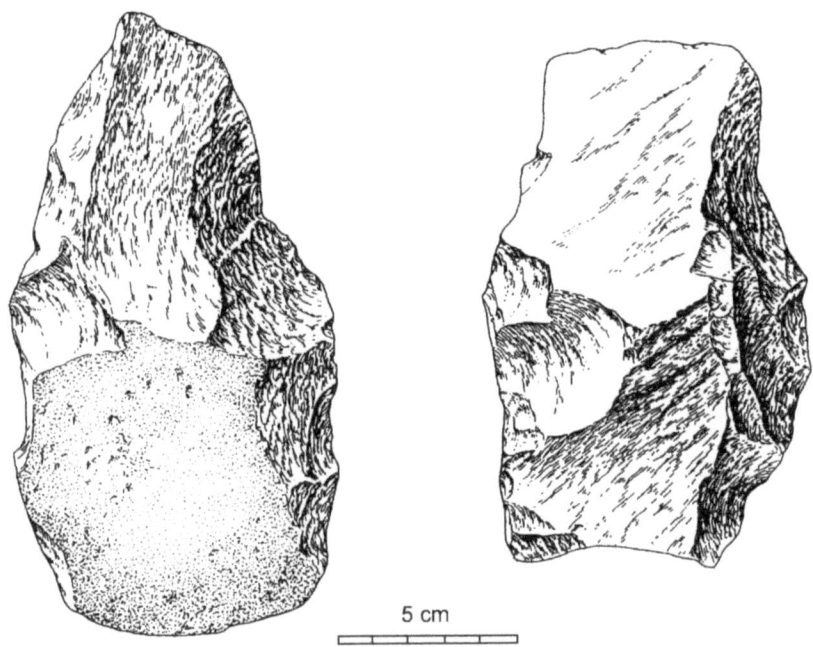

Figure 43. Les outils bifaciaux sont des formes nouvelles, créées par l'esprit humain, en dehors de toute référence à la nature. Ces formes transmises et développées dans certaines régions du monde seulement, correspondent à de véritables symboles, transmis par l'objet lui-même, accompagnant sans doute une tradition, une forme d'éducation, donc des différences de valeurs manifestées d'un groupe à l'autre, dès un million d'années au moins. La forme de ces « bifaces » est incluse dans la roche dont elle est dégagée progressivement par une opération de « sculpture » qui lui donne sa réalité, à la fois transmise par des séquences gestuelles et par l'objet lui-même, finalement transporté. (Olduvai, biface et hachereau, d'après J. Herrmann et H. Ullrich, 1991.)

L'ÉVOLUTION : CAPACITÉS ET RÉALISATIONS 79

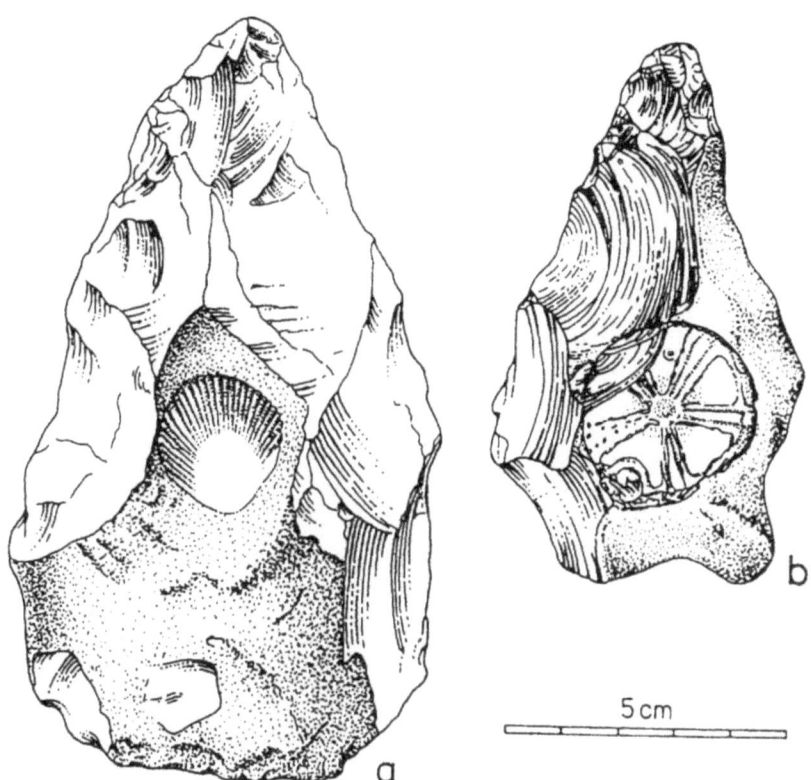

Figure 44. Les symboles portés par les formes sculptées peuvent aussi se superposer à des « images naturelles » choisies au sein du bloc. Ici, des traces de mollusques suggèrent la vie pétrifiée, dont la trace est centralisée sur l'outil, lui donnant tout son sens « esthétique » et émotionnel. Qu'il s'agisse d'une image faisant allusion à la nature ou d'un « simple » jeu de formes, la préoccupation primordiale est évidente : l'objet est centré sur l'image qui lui transmet la valeur dont elle était investie par le groupe où l'outil était mis en œuvre. (Bifaces acheuléens avec empreintes de mollusques, d'après J. Herrmann et H. Ullrich, 1991.)

L'acte de maîtrise, essentielle et fondamentale au Paléolithique inférieur, reste toutefois l'utilisation du feu. Attestée depuis plus d'un million d'années, cette technique accompagne de nombreux mythes fondateurs. Elle permet d'étendre la volonté humaine aux milieux physiques (chaleur, lumière), animaux (crainte) et spirituels (force). Elle permet aussi de faciliter la digestion de l'alimentation carnée, donc de s'installer dans des milieux en principe très hostiles à la présence humaine. Le feu permet à l'esprit de transformer la matière (bois, pierre, terre) en la mettant au service de l'humanité. Sa mise en application permettait d'établir une analogie avec les forces naturelles et soutenait ainsi l'audace de l'homme, transformé en être « démiurge », proche des dieux. Le feu et les foyers possédaient une forte valeur sociale car ils suscitaient le rassemblement, la protection, l'éducation près des « foyers » domestiques. La valeur mythique du feu, attestée de façon universelle, a pris corps et s'est enclenchée à cette très haute époque, constitutrice de l'esprit humain, qu'est le Paléolithique inférieur.

Les restes osseux humains sont souvent représentés par des calottes crâniennes qui nous sont parvenues démembrées et isolées (fig. 45). Comme autant d'universaux portés vers le fétichisme crânien, il est possible qu'une valeur sacrée fut accordée à ces restes anatomiques particuliers. Certains ossements portent en outre des traces de découpes, de brûlures ou de bris, comme si un acte sacré les avait marqués. Par analogie, ces pratiques visent à récupérer les forces vitales contenues dans l'être vivant, d'une façon symétrique à celle pratiquée par les chasseurs : non seulement l'énergie était ainsi récupérée sur la victime ou la proie, mais aussi la vie, l'esprit, la personnalité elle-même. Ces actes rituels soulignent l'élaboration de la pensée, des aptitudes à l'abstraction et de la « logique spirituelle » acquises par cette humanité originelle.

Des traits organisés sur certaines plaquettes osseuses ou lithiques, de vagues silhouettes gravées ou sculptées (fig. 46) évoquent l'existence d'événement prévus et décomptés, mais leur état de conservation laisse ouvert le débat sur leur intentionnalité. Les autres témoins matériels (chasse, techniques, foyers) attestent à suffisance de ces capacités cognitives sans qu'il soit nécessaire de rendre réel ce qui est largement possible.

En conclusion, dès le Paléolithique inférieur, l'humanité originelle dispose de toutes les capacités cognitives propres à notre espèce : il y manque toutefois les nombreuses réalisations

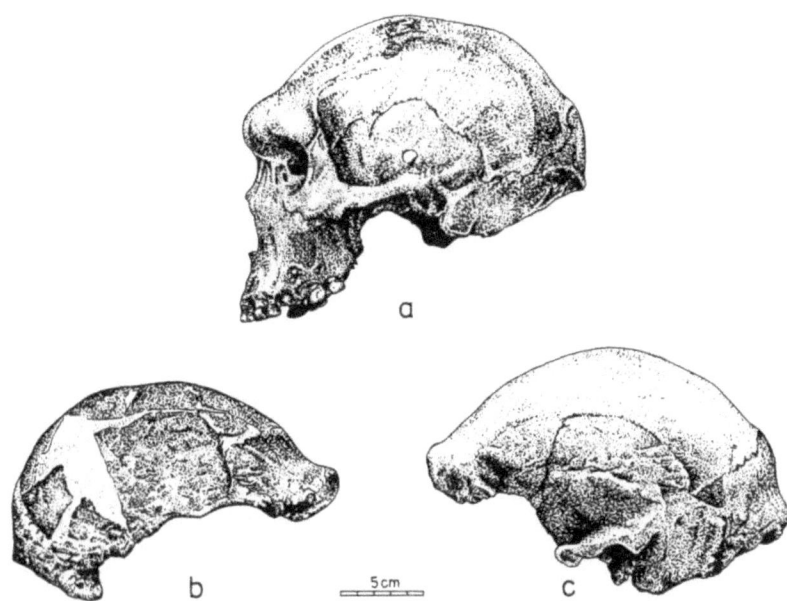

Figure 45. Les restes de voûtes crâniennes sont spécialement abondantes au Paléolithique inférieur. Pour certains, ils peuvent être interprétés comme des vestiges accidentels dus aux processus de conservation. D'autres auteurs y voient plutôt le témoignage d'une pratique des «reliques», c'est-à-dire de la saisie et du maintien des caractères d'un personnage vivant au travers des restes osseux, spécialement la tête. Cette pratique fétichiste est en effet universelle et correspond simplement au glissement du moral vers le matériel, comme on admire et respecte aujourd'hui l'image d'un être disparu ou le symbole en forme de croix d'une divinité. Cette tendance est si propre à l'esprit humain qu'elle fournira le support symbolique à toute «image» désormais «créée» plutôt que d'être saisie dans la nature : cinéma et télévision sont les mondes oniriques où nous baignons encore, issus en droite ligne de cette substitution d'une pensée par une chose qui l'incarne. (Crânes d'*Homo erectus* de Kabwe, Zambie, de Saldanha, Afrique du Sud, et de Ngandong, Java ; d'après J. Herrmann et H. Ullrich, 1991.)

qui vont constituer l'histoire des civilisations ultérieures. L'établissement de règles sociales est acquis par les pratiques de partage, d'éducation et de transmission. Les techniques révèlent l'aptitude à la création et à l'emprise sur les lois mécaniques naturelles. Les pratiques de chasse (mise à mort et consommation) requéraient des capacités d'anticipation en même temps qu'une justification métaphysique pour l'échange de la vie animale et avec la vie humaine. Tous ces facteurs se sont agencés selon des phylums distincts, auto-justificateurs, qui se sont

Figure 46. De très rares traces indiquent la constitution de formes non utilitaires et non naturelles, telle que cette figurine acheuléenne découverte en Israël. Tenant compte de l'ancienneté des gisements (plusieurs centaines de millénaires), d'autres objets de ce genre ont pu être fabriqués, puis disparaître, par exemple s'ils étaient en matières végétales, les plus utilisées aujourd'hui par les peuples chasseurs tropicaux. Il a donc pu y avoir aussi de véritables « traditions artistiques » dont nous ne savons rien encore. Quoiqu'il en soit, les autres catégories de vestiges (habitat, technologie, modes de chasse) contemporains permettent de supposer de telles aptitudes conceptuelles, imaginatives et esthétiques, parfois révélées par des objets exceptionnels, comme ici. (Statuette acheuléenne de Berekhat Ram, Israël; d'après N. Goren-Inbar, 1986.)

exprimés, à nos yeux, sous la forme de « traditions culturelles ». Des valeurs s'opposaient donc les unes aux autres et les « inventions » pratiquées par chaque groupe prenaient valeur de victoire par rapport à tous les autres, donc de supériorité et de différence. Ces traditions sont « actives » au fil du temps ; nous pouvons les suivre, les voir s'élaborer et se distinguer les unes des autres. Elles poursuivaient donc désormais des aventures spirituelles autonomes, à la conquête des lois naturelles, par les défis posés à l'esprit en perpétuelle contrainte avec lui-même et ses propres performances.

L'emploi du feu, la mort sanglante, les crânes humains (gardés en fétiches ?) manifestent le rôle moteur essentiel joué par l'émotion (esthétique ou religieuse). La solidarité du groupe face à la nature ou aux groupes concurrents valorisait le comportement codé de chaque ethnie ou chaque tradition. Le mode de pensée performant, à la fois résolvait les problèmes vitaux, mais aussi les instituait en termes de règles permettant de rencontrer aussi les craintes métaphysiques et les désirs esthétiques. Auto-justifiante, la réflexion se proposait alors de placer la vie de l'homme au centre des forces naturelles, progressivement comprises, expliquées, puis maîtrisées.

3. LE PALÉOLITHIQUE MOYEN

Le Paléolithique moyen s'étale sur quelques centaines de millénaires et s'étend à tout l'Ancien Monde. Selon les régions, il se termine entre 50 et 30 mille ans, avec le Paléolithique supérieur. Cette longue durée et cette extrême extension impliquent une très grande diversité des environnements dans lesquels les modes de vie au Paléolithique moyen ont pu se dérouler. Ces différences se sont marquées autant dans le temps que dans l'espace et ont concerné à la fois les ressources et les conditions climatiques. Sur le plan anatomique, la période correspond aux Néandertaliens en Europe, tandis que des traces de morphologies modernes apparaissent progressivement ailleurs (fig. 47).

Sur le plan de l'organisation sociale, on observe la présence de foyers organisés, au centre de répartitions spatiales dont les structures fonctionnelles sont ainsi réparties. On connaît un cas de structure construite et couverte dans les plaines orientales, à Molodova I en Ukraine (fig. 49). La chasse, surtout, révèle la coordination du groupe ethnique. Elle est appliquée à différentes espèces avec la même efficacité et des restes d'armes en bois furent exceptionnellement retrouvées (par exemple à Lehringen, en Allemagne).

Les origines variées d'où les matières premières proviennent retracent des réseaux d'approvisionnement à longues distances, exploités différemment selon les besoins, répartis dans les paysages et prévus à mesure des déplacements. Selon les activités, étalées dans le temps, les distances à parcourir et les critères mécaniques requis, le choix d'un matériau manifeste cette emprise intime sur le paysage. Il témoigne donc d'aptitudes prévisionnelles, enchaînées dans le temps et coordonnées selon les réalisations techniques.

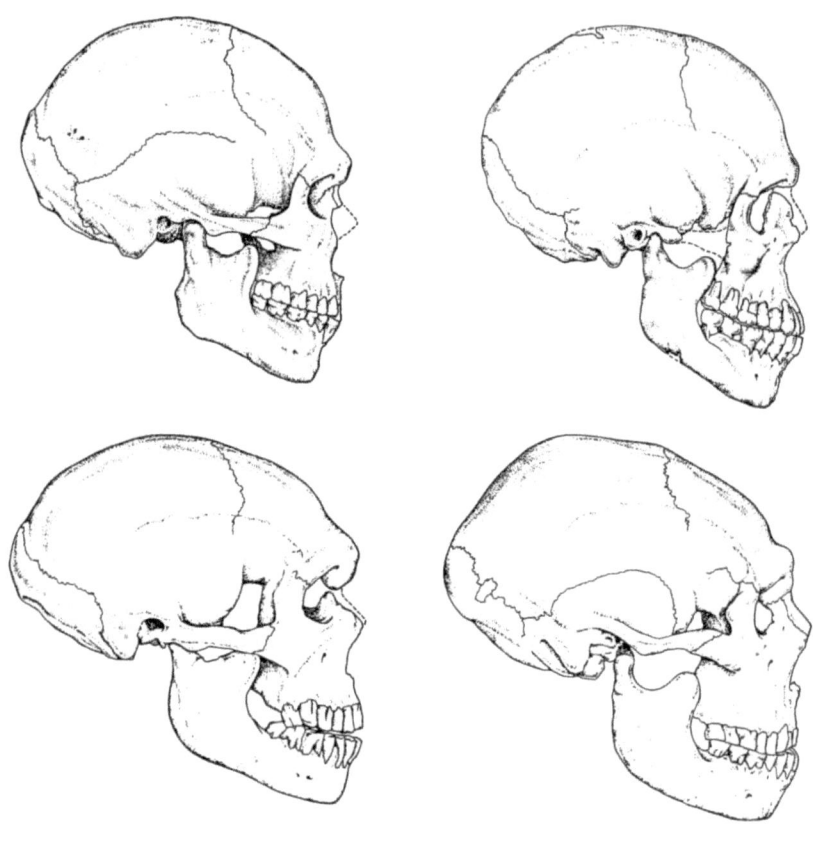

Figure 47. En Europe, le Paléolithique moyen correspond à une forme anatomique particulière, issue des *Homo erectus* locaux : les Néandertaliens (rangée du bas). Leurs aptitudes semblent équivalentes à celles des hommes modernes, mais leurs réalisations s'en distinguent, par exemple en matières artistiques ou religieuses. Une forme anatomiquement plus évoluée apparaît à la fois en Extrême-Orient et en Afrique, probablement parce que les échanges de gènes y étaient plus ouverts qu'en Europe, et que les «tendances évolutives» agissent selon des voies convergentes (en haut à droite, l'homme de Qafzeh, en Palestine, issu d'Afrique). Cependant, les métissages semblaient possibles entre les différentes formes humaines fossiles, par exemple entre «modernes» arrivés par migrations en Europe (Cro-Magnon) et les Néandertaliens locaux (en haut à gauche, crâne gravettien d'Europe centrale). (Crânes de Predmosti, Qafzeh 9, La Ferrassie et Shanidar ; d'après E. Trinkaus et W. Howells, 1983.)

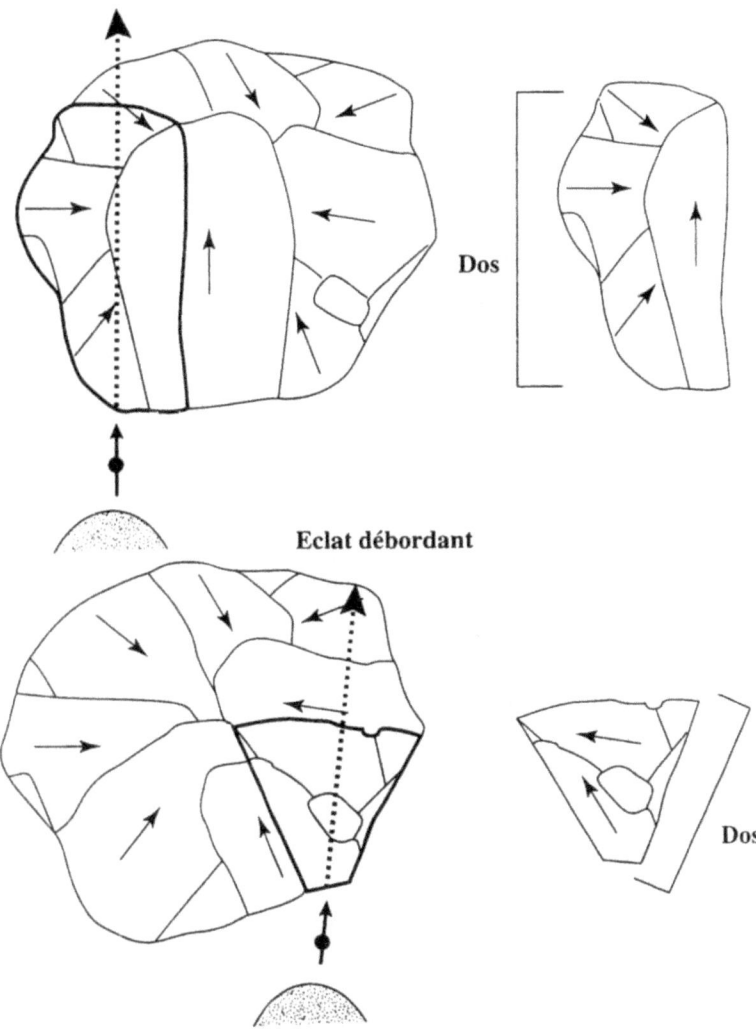

Eclat débordant

Eclat débordant à dos limité

Figure 48. Les schémas d'élaboration technique sont très complexes au Paléolithique moyen. Ils témoignent d'aptitudes prévisionnelles très élaborées, prévoyant les besoins et les disponibilités futures. Les formes qui en sont issues sont extrêmement variées et souples, adaptées aux activités et aux procédés d'emmanchements. Cette souplesse technique inouïe illustre un mode de pensée équivalent, fait de concepts (les besoins, les outils) et d'agencements de nature grammaticale, que sont les procédés mis en œuvre. Selon un schéma global, les différents éléments de la chaîne technique sont articulés comme les mots d'une phrase, selon le but recherché par la performance matérielle. (Schémas moustériens ; d'après L. Meignen, 1996.)

86 LES ORIGINES DE LA PENSÉE

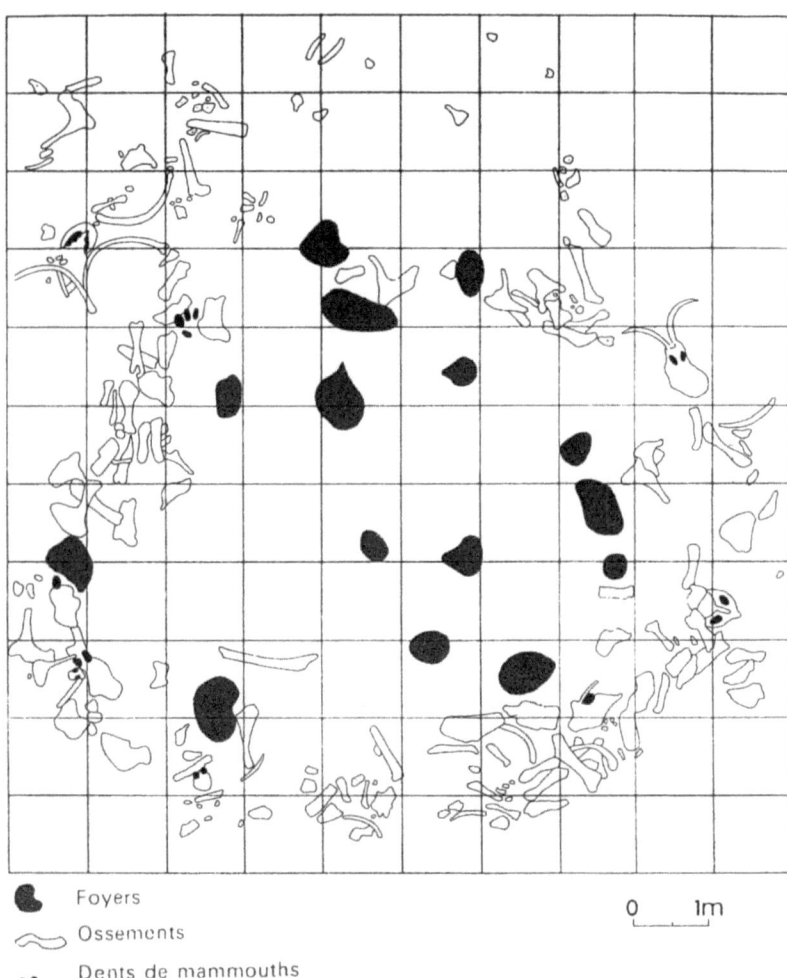

Figure 49. La structuration de l'espace social au Moustérien rend compte des mêmes aptitudes et des mêmes délégations au sein du groupe. L'espace de rencontre est clôturé, éclairé et chauffé par les foyers intérieurs (taches grises). La délimitation des parois est faite par les tassements des rejets d'ossements d'animaux consommés. Le lieu de retour et de partage était donc visible de loin, implanté dans le paysage auquel il s'imposait, comme une marque «culturalisée». Tout est en place dès le Paléolithique moyen pour la transmission des valeurs, des connaissances et des sources d'émotions. Le reste sera le fait de «l'histoire» des peuples qui vont s'auto-définir dès cette période. (Maison de Molodova I, Ukraine; d'après A.P. Chernysh, dans R. Desbrosse et J.K. Kozlowski, 1994.)

Précisément, le principe technique propre au Paléolithique moyen consiste en la préparation des formes de supports par l'élaboration préalable des blocs (fig. 48). Ainsi, les éclats qui en sont extraits ont-ils une silhouette préformée. Cette méthode permet d'économiser la masse de matériau et donc de se libérer par rapport aux ressources naturelles du milieu. Cette mise en forme révèle aussi l'aptitude à la prévision des besoins et à la coordination des transports à effectuer dans les futurs déplacements.

Des traces d'expressions traditionnelles se retrouvent sous la forme d'équipements techniques variés, selon les régions ou les périodes. On reconnaît, à travers l'espace européen, des modes de pensée différents et inculqués par l'éducation, au fil des générations. De véritables « régionalismes » apparaissent ainsi, via les techniques et les formes prises par l'outillage.

Globalement donc, le comportement au Paléolithique moyen semble élaboré; il témoigne d'aptitudes à la prévision à travers les modes de chasse, la quête des matériaux ou la technicité. La coordination sociale est montrée dans l'organisation des habitats et leur diversité fonctionnelle. Les traditions distinctes montrent l'impact des valeurs accordées aux programmes éducatifs. Ce « corps de connaissances » favorisait alors la cohésion du groupe par la transmission de comportements codifiés, socialisés. Des formes nouvelles d'aptitudes conceptuelles se révèlent dans la multiplication des actions symboliques et par l'agencement des techniques (pierre, bois, colles). L'ensemble témoigne du développement de la conscience, des activités spirituelles et des pratiques rituelles.

En effet, la caractéristique essentielle au Paléolithique moyen est le développement des traces d'actions symboliques. Elles apparaissent sous une série de formes plus ou moins élaborées selon les contextes. Par exemple, des objets étranges rapportés apparaissent, tels des minéraux (quartz ou pyrite). On trouve des restes de fossiles de mollusques. Ces images transposent une réalité par l'action symbolique, de la vie à la pierre :

elles sont choisies, désignées, déplacées. Par comparaisons ethnographiques, on est tenté des parler de « fétiches » pour de tels documents, où l'objet est chargé de valeurs accordées conventionnellement. D'autres objets furent transformés, telles des « perles » de pierre trouvées à Bedford (en Grande-Bretagne), aux perforations agrandies, ou des objets striés (au Pech de l'Azé en France, à Tata en Hongrie, à Bilzingsleben en Allemagne). À Quntra, en Israël, une plaquette porte des arceaux gravés emboîtés. Quelques dents encochées furent retrouvées à Sclayn (en Belgique) et un os perforé est connu au Bockstein (en Allemagne). Ces découvertes restent toutefois très rares et non systématiques. Quelques blocs de colorants rouges (hématite) ou noirs (manganèse) furent aussi parfois retrouvés en contextes moustériens. À Qafzeh, en Israël, ces colorants sont même associés aux sépultures.

Diverses traces d'actions sur ossements humains apparaissent. Par exemple, des traces de décharnement (à Engis en Belgique, à Marillac en France) existent sous la forme de découpes et de stries. Elles semblent démontrer l'extraction de la chair, de la peau, des tendons, comme pour préparer ces crânes à la conservation et à l'utilisation symbolique. Des cas de consommation sont également signalés sur des restes humains. L'exemple de Monte Guattari (Italie), fréquemment cité à ce titre, semble aujourd'hui plutôt correspondre à l'action de l'hyène, qui y aurait consommé l'intérieur du crâne. Par contre, au site de Krapina (Croatie), de nombreux ossements néandertaliens révèlent des pratiques anthropophages. Brûlés, découpés, percutés, ils sont traités comme tous les autres restes culinaires faits d'ossements animaux : environ 50 individus, enfants et adultes, y auraient été consommés. Par les études ethnographiques, on sait que ces pratiques anthropophages ne sont pas menées par simple vocation alimentaire, mais participent d'une activité magique où les valeurs reconnues à l'individu vivant étaient réintégrées par sa consommation rituelle.

Enfin, les sépultures forment les traces les plus probantes d'activités spirituelles au Paléolithique moyen. Elles sont réparties en Europe, au Proche-Orient et jusqu'en Asie Centrale. Les premières furent découvertes à Spy (Belgique) en 1886, puis dans les sites français au début du XXe siècle (La Chapelle-aux-Saints, Le Moustier, La Ferrassie). On y trouve des agencements préparatoires, par exemple des fosses, et un rituel élaboré parfois complexe. Les corps y sont pliés, voire contractés, telle — a-t-on écrit — dans la position fœtale de la naissance. À Shanidar (en Iraq), les traces polliniques suggèrent le dépôt de fleurs. La volonté d'ensevelir et de protéger se manifeste, outre la fosse, par le comblement intentionnel et, quelquefois, la couverture faite de dalles (La Ferrassie). Outre le respect du défunt, ces sépultures démontrent un développement de la conscience par une volonté de distinguer le destin de l'homme de celui de l'animal. L'orientation du défunt, souvent est-ouest, montre un rapport cosmique, établi — via la mort — entre l'humanité et le déplacement astral.

Quelquefois, un « mobilier funéraire » est enseveli dans la fosse. Souvent constitué de parties céphaliques animales (bois de cerfs, mandibules, chevilles osseuses), il établit ce rapport à la vie d'une façon inverse : l'image naturelle est mise au service de l'humanité inhumée. L'image pariétale ultérieure ne fera que prolonger cette emprise. Le fait qu'il s'agisse de restes céphaliques n'est sûrement pas anodin : comme pour les hommes dont on prélève les restes crâniens, la tête de l'animal devait aussi receler ses principales forces vives. Outre les ossements, certains outils aménagés furent parfois associés aux sépultures.

Des agencements particuliers président à la disposition sépulcrale, par exemple par la définition d'un espace exclusif réservé aux sépultures (Qafzeh). Il se distingue de l'habitat domestique, disposé ailleurs ou à un autre moment. Les orientations matérialisent un rapport à l'espace extérieur, dans la grotte, la terrasse ou entre les sépultures elles-mêmes (à Zaskalnaya et à Kiik-Koba en Crimée, à Skuhl en Israël). Les tombes sont ainsi regroupées et organisées à La Ferrassie où la nécropole contient des monticules et des fosses groupés par trois et où une dalle de couverture triangulaire porte des cupules gravées.

Quelque fût le sens de ces sépultures, elles témoignent au moins du soin apporté à la protection des défunts, dont la destinée est ainsi socialisée, culturalisée. Comme les sacrifices accompagnant la chasse, la sépulture forme un échange avec les forces naturelles : l'animal est extrait du monde pour la survie de l'homme et l'homme est réintroduit dans la nature selon un rituel particulier qui accorde la survie à son groupe. L'échange est alors bouclé entre la mort animale et la mort de l'homme. Les gestes rituels y sont « fossilisés » au sens strict (« enfouis ») et nous révèlent des comportements religieux codifiés, transmis et respectés. Une séparation des espaces sacré et profane se manifeste alors, comme au Paléolithique plus récent les grottes ornées se distingueront des abris occupés. Le comportement rituel est alors devenu systématique, équivalent à un « langage culturel » commun. Le mobilier funéraire suggère un rapport symbolique à l'animal, par exemple sous forme de fétichisme, telle une image hyperréaliste désignant l'animal par ses restes osseux eux-mêmes.

Le rapport magique entretenu avec l'ours a souvent été évoqué pour le Paléolithique moyen, par exemple à partir d'amas d'ossements apparemment disposés en caissons ou en tas. Les relations ethnographiques sont par ailleurs très nombreuses où l'ours est considéré tel un être mythique, entre humanité et nature. Son image est alors reportée sur des mâts-totems ou de petites statuettes en bois. L'analogie de comportement entre l'homme et l'ours debout fut peut-être aux origines de cette fascination. De plus, les ours pléistocènes occupaient, d'une façon concurrente et alternative, les mêmes abris naturels que les hommes.

La pensée de l'homme au Paléolithique moyen est donc spécialement riche, tant sur les plans techniques que religieux. Spécialement, la conception mythique semble fondée sur un rapport entre l'homme et l'animal qui transcende la part de l'animalité dans l'humain par les traitements de leurs vestiges osseux. L'homme est placé en sépultures, accompagné de vestiges naturels, comme les restes humains sont traités sous la forme animale à Krapina, parmi les reliefs culinaires. Ainsi s'opposent les deux états de la chair : comme viande ou comme sépultures. Les sacrifices animaux consentis pour la chasse ou la sépulture procèdent en la récupération de la vitalité animale, lors d'un échange, d'une substitution entre l'homme et la nature. La conscience humaine étend ainsi son emprise à la fois par la technologie et par la symbolique, car non seulement l'animal mais aussi ses reliques jouent ce rôle de substituts à la nature. Les objets rapportés, à fonction non utilitaire, créent des images-fétiches incarnant l'esprit naturel. Les traces d'actions techniques portées sur les restes humains suggèrent la récupération des vertus abstraites possédées par la personnalité disparue. Les sépultures démontrent de façon constante et répétée l'existence de gestes ritualisés, donc de codes visant à la protection, au mobilier, aux orientations. Tout semblait en place dans la conscience humaine, dès le Paléolithique moyen, quant aux capacités, mais l'histoire n'avait pas encore forgé les traditions complexes qui allaient apparaître. La culture est donc un ajout traditionnel qui sollicitera des capacités cognitives largement attestées dès le Paléolithique moyen. Cette « charge symbolique » jouera désormais le rôle de filtre collectif propre à l'évolution humaine.

4. LE PALÉOLITHIQUE SUPÉRIEUR

Entre environ 50 mille ans et une quarantaine de millénaires avant notre ère, de brusques transformations apparaissent dans toute l'Eurasie. Dans le domaine technique, l'aspect laminaire du débitage est le plus évident, mais il reflète probablement l'orientation majeure corrélative vers l'outillage osseux, désormais toujours présent. L'outil sur lame se prête mieux à l'aménagement de la matière osseuse et, en particulier, à l'emmanchement (fig. 50). Il s'agit donc d'un effet indirect du rôle joué

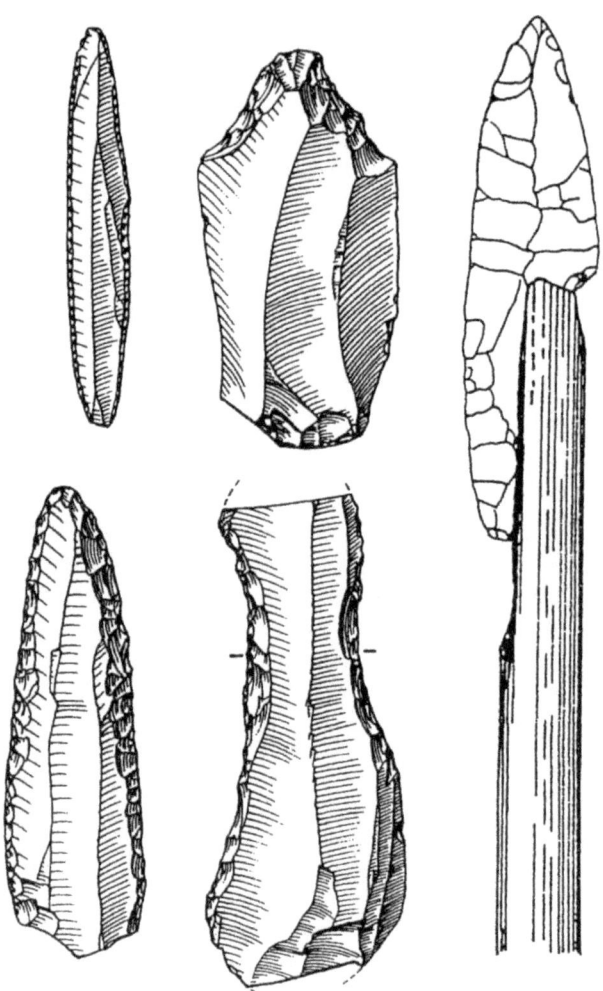

Figure 50. L'outillage sur lames caractérise le Paléolithique supérieur, dans le domaine lithique. Il correspond à un allègement et à une standardisation des supports d'outils. Mais il est surtout lié aux procédés de façonnement de l'outillage en matières osseuses qui fait son apparition désormais. L'outillage sur lame s'emmanche plus régulièrement, mais par la coercition que ce support impose aux parties actives, il provoque des catégories formelles plus nettes qu'auparavant. Nous y percevons donc plus clairement les effets de «styles», traditionnels ou fonctionnels. Nous pensons pouvoir y «lire» davantage l'impact du temps, des traditions ou des utilisations. Cette standardisation est en fait un appauvrissement réducteur par rapport aux vastes possibilités moustériennes, mais elle facilite la tâche du préhistorien, car les outils nous sont plus explicites. (Pointes d'armatures et outils domestiques du Paléolithique supérieur d'Europe; d'après F. Bordes, 1968, et J.-M. Geneste et H. Plisson, 1986.)

L'ÉVOLUTION : CAPACITÉS ET RÉALISATIONS 93

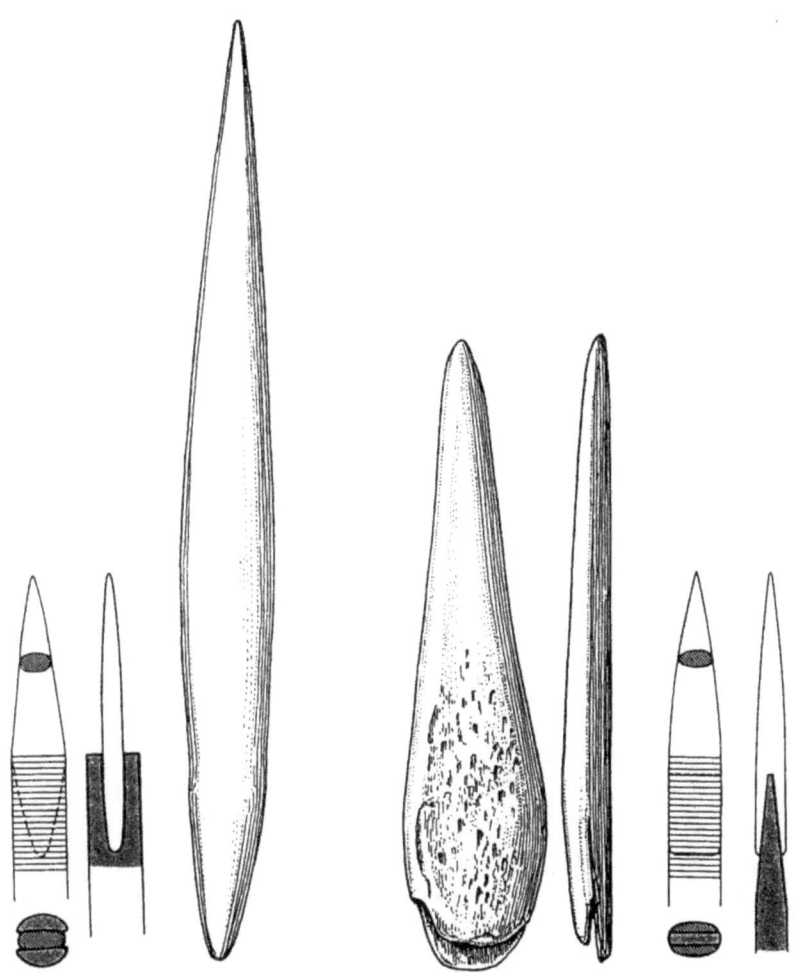

Figure 51. La véritable révolution technique au Paléolithique supérieur affecte les domaines des matières dures d'origine animale. Désormais, l'arme naturelle (défenses, ramures) est retournée contre le gibier, en une sorte de sacrilège « impensable » au Paléolithique moyen (un peu comme la chair et le lait s'excluent dans la tradition juive). Un bouleversement métaphysique a touché l'homme moderne dans ses rapports avec la nature : il en saisit l'arme en même temps que l'image. Ce basculement des valeurs s'est finalement imposé aux populations néandertaliennes locales, car il s'accompagnait d'une fascination devant le succès démographique engendré par le nouveau mode de vie. C'est donc un système de valeurs qui s'effondre, davantage qu'une population qui disparaît à cette phase cruciale de l'humanité, un peu comme les sociétés traditionnelles aujourd'hui renoncent à leur identité devant les « succès » matériels de la technologie. (Pointe de sagaie en bois de renne; d'après F. Bordes, 1968, 1969.)

par l'animal dans la société nouvelle : il n'est plus seulement un gibier, mais aussi une source d'armes nouvelles qui vont se retourner contre lui (fig. 51). C'est d'ailleurs aussi à ce « moment » historique qu'apparaissent les images animales, réalisant le pendant symbolique de cette emprise technique. Pour l'Europe, c'est aussi le moment où l'homme anatomiquement moderne apparaît, se manifestant plus qu'ailleurs comme une population nouvelle que comme une espèce différente. Désormais, on assiste à une succession de traditions culturelles exprimées dans les agencements techniques, autant que dans les traditions artistiques. Ces « histoires » particulières sont de plus en plus courtes et révèlent l'accélération des mouvements évolutifs.

L'aspect des rituels funéraires est dès lors nettement plus varié, répondant à des conventions distinctes. Les positions du défunt sont parfois allongées et saupoudrées d'ocre rouge ou préservant des objets de parure et autres mobiliers funéraires (fig. 52). Cette décoration personnelle est évidemment fondamentale, car elle atteste l'autodétermination, la définition d'un rang, d'une classe ou d'une fonction. On en retrouve les traces jusque dans les niveaux d'habitat, où les pendeloques furent perdues. Celles-ci furent façonnées sur coquillages fossilisés ou sur des dents animales perforées. Elles évoquent le rapport à l'animalité. Les classifications hiérarchiques apparaissent ainsi mieux définies, davantage exprimées par le jeu des symboles, l'organisation des signes, la référence à la nature. Là aussi, d'innombrables exemples ethnographiques illustrent la fonction référentielle des pendeloques, associant l'individu à sa fonction sociale par l'intermédiaire d'une trace matérielle issue de la nature sauvage.

L'expression spirituelle la plus nette de cette phase reste toutefois les créations d'images artificielles. Les premières apparaissent sous forme de statuettes en ronde-bosse, aux trois dimensions, proches ainsi de la réalité représentée (vers 37 à 34 mille ans). Elles figurent des animaux dangereux (félins), redoutables (mammouths) ou agressifs (cheval cabré). Mais

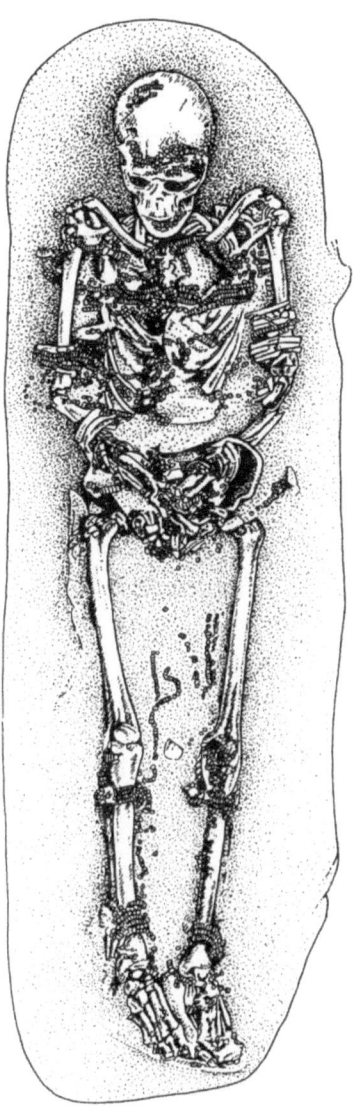

Figure 52. Jusque dans l'au-delà, ce rapport dominateur à la nature se trouve symbolisé dans les modes sépulcraux. Pendeloques, genouillères, bracelets, résilles rappellent cet assujettissement, comme l'emploi de l'ocre rouge lui-même souligne l'analogie avec la vie animale dont celle de l'homme est tirée (saupoudrage marqué par les ponctuations). La diversité des traditions vivantes se retrouve dans les divers rituels sépulcraux : ils définissent les composantes de cet «échange» avec le monde naturel au moyen de symboles complexes et variés, manifestés par le mobilier funéraire accompagnant le défunt. (Sépulture de Sungir', près de Moscou ; d'après J. Herrmann et H. Ullrich, 1991).

elles intègrent aussi l'animal à l'homme, dans la célèbre statuette du Hohlenstein Stadel (en Allemagne), sorte d'être magique intermédiaire entre animalité et humanité. Plus tard, les thèmes varient et incluent d'abord l'image de la femme, puis d'animaux paisibles comme les bisons et les chevaux. L'emprise sur le monde naturel passe désormais par l'image animale ; celle-ci laisse des traces matérielles d'expression plastique. Certains indices suggèrent même l'existence de pratiques magiques, par exemple les traits plantés dans certaines figures (à Montespan, en France). Il ne fait guère de doute que cette pratique universelle ait été utilisée dès le Paléolithique, parmi d'autres actions rituelles.

Par exemple, les empreintes de mains, sur les parois ou sur les figures animales, témoignent aussi de cette emprise magique sur le monde (Pech Merle, Gargas, en France). L'existence de peintures pariétales, disposées dans les fonds des grottes, évoque également des pratiques d'initiation, communes à la plupart des peuples traditionnels, qui auraient été accompagnées dans ces cadres de musique et de danse. Ainsi, les aires figurées sur les parois prennent valeur de sanctuaires où les activités religieuses se seraient déroulées. Quoiqu'il en soit, des traces de shamanisme apparaissent sous diverses formes, supposant la présence de forces naturelles, animées d'esprit et d'une possibilité d'intervention sur leur déroulement via l'image et la transe. On retrouve, par exemple, des ramures de cerfs portées par des êtres hybrides, mi-hommes, mi-animaux. Des décorations personnelles portées par les défunts signalent la présence d'une fonction sociale particulière, parfois indiquée aussi par des statuettes ou des instruments ludiques (rondelles, disques, bâtons de tambour). Depuis peu, on sait aussi que cet art s'est étendu aux rochers exposés à l'air libre, suggérant une autre forme de relation au cosmos. D'une façon générale, l'art sur parois « représente » un univers mythique, imaginaire mêlant le cortège d'animaux à de rares figures humaines, dans des agencements significatifs qui évoquent un sens profond, « utilisé » lors de sa réalisation ou lors de cérémonies collectives.

La cavité elle-même, dans son architecture et sa disposition, suscitait l'intégration du décor aux espaces souterrains, comme si ceux-ci en surgissaient d'une façon intime et mêlée. Ainsi voit-on apparaître des masques faisant saillie sur des angulations ou des accidents rocheux. Souvent, la paroi elle-même, avec ses anomalies, est récupérée pour «donner corps» aux images, comme s'il s'agissait du même matériau, d'une même texture. Les figures permettent ainsi d'organiser un espace topographique chaotique, de lui transmettre l'ordre du monde conçu par le groupe.

Outre les images directement reconnaissables, l'artiste paléolithique utilise des signes, apparemment dérivés d'une figure réaliste, schématisée au point d'en perdre toute consistance et de ne plus porter qu'un sens codé, inaccessible aujourd'hui. Des figures féminines se transforment ainsi en des silhouettes, raides ou sinueuses. Le «langage» des grottes se fonde donc sur une combinaison de symboles et de signes dont les articulations témoignent de la rigueur acquise par la pensée mythique au Paléolithique supérieur.

Les compositions construites révèlent la structure du message artistique. Celle-ci témoigne de l'organisation totale de l'espace sacré, liant roches et décors, tel un sanctuaire. Les signes semblent baliser un cheminement où s'offrent des scènes aux acteurs animaux. Les associations entre figures évoquent un récit portant un sens global et désigné, pour cette raison, comme un «mythogramme». Annette Laming-Emperaire (1962) et André Leroi-Gourhan (1965) ont souligné le dualisme structurel qui semble régir l'essentiel de ces scènes. On y observe des couples de signes, de formes et de figures qui se réduisent en une gamme de thèmes limités et particuliers. Eux-mêmes se répartissent dans l'ensemble de l'espace, avec une scène centrale, des images de pourtour et des thèmes marginaux. Ces agencements récurrents suggèrent l'existence de récits légendaires et structurés, donnant un sens au groupe et à son existence.

5. LE MÉSOLITHIQUE

Au cours des temps holocènes, lors du réchauffement postglaciaire, on assiste à une augmentation démographique des populations chasseresses, installées dans des milieux forestiers plus riches et diversifiés que les steppes pléistocènes. Fondée sur cette variété de ressources, l'alimentation permet alors une forme de sédentarité, par la chasse spécialisée, la récolte (de fruits, de mollusques) et la pêche. Plusieurs traditions culturelles se développent sur la base des ethnies paléolithiques, qui diversifient en particulier leurs armatures légères. La technologie lithique est désormais fondée sur le débitage lamellaire très régulier, rendant beaucoup plus efficace la longueur des tranchants utiles : l'outillage est dominé par de petites pièces appointées et microlithiques, souvent montées en assemblages complexes par des procédés faisant intervenir colles et systèmes d'insertions (fig. 53).

L'arme la mieux adaptée à ces nouveaux modes de vie dans cet environnement fut désormais l'arc, sorte de machine transférant l'énergie de sa tension à la propulsion. Cette arme silencieuse et précise était surtout mieux adaptée à la forêt et aux animaux furtifs. Mais, par ailleurs, l'arc et la flèche interviennent dans de nombreux mythes fondés sur la possession de l'espace, maîtrisant la vitesse et la distance. L'arc fut ainsi une force nouvelle mise à la disposition de l'esprit humain, comme l'évoquent encore la Diane chasseresse ou les flèches sacrées des shamans sibériens.

Sur le plan sépulcral, les inhumations poursuivent les traditions paléolithiques (fig. 54). Elles sont toutefois davantage groupées en cimetières, proches des habitats. On y trouve des traces de bucranes (à Auneau en France) annonçant les cultes bovins néolithiques et, souvent, des traces de foyers, allumés à proximité de l'inhumation. Certaines sépultures se placent dans la maison, suggérant la fixité héréditaire dans l'occupation de l'espace (à Lepenski Vir en Serbie). À Öfnet, en Bavière, les crânes seuls furent rassemblés dans une fosse, accompagnés de

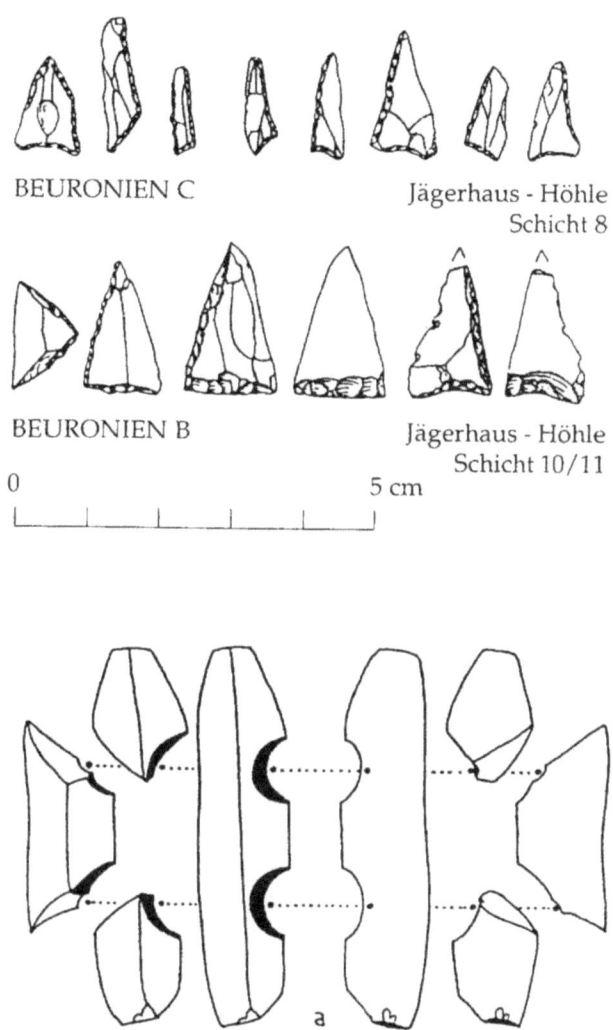

Figure 53. L'allègement considérable des supports, taillés sur lamelles (en bas) correspond à l'emploi généralisé de l'arc dans la prédation. Par voie de conséquence (en haut), les variations typologiques restituent autant de « choix culturels » propres. Ces minuscules variations forment comme une radiographie de changements plus structuraux, liés aux modes d'assujettissement de ces « microlithes » à leur hampe de bois, souvent sous une forme composite (armatures latérales et axiales). Décrypter ces variantes revient à reconstituer des langages propres à chaque ethnie et en constante évolution dans l'Europe tempérée, jusqu'aux sources des peuples historiques. (En haut, variations des microlithes d'Allemagne, d'après E. Cziesla, 1992 ; en bas, modes schématiques de mises en forme des lamelles par cassure sur encoche, d'après L. Siret, dans M. Brézillon, 1968.)

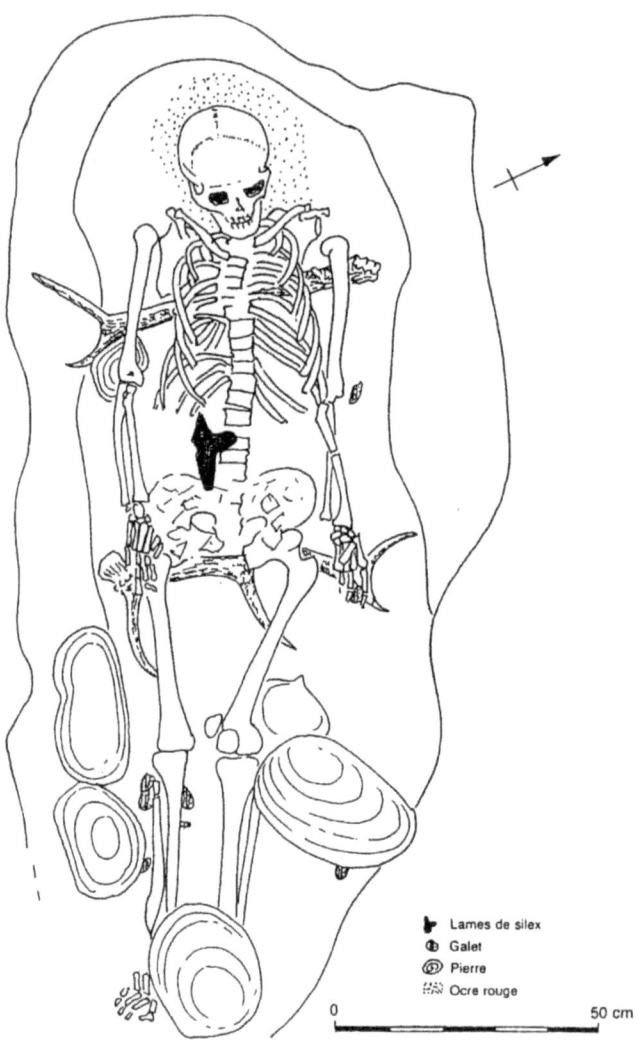

Figure 54. Le rappel au monde vivant est donné dans les sépultures mésolithiques par le dépôt de bois de cerfs, symboles universel de la régénération. Désormais, les sépultures sont groupées en « villages des morts » à proximité des vivants, afin d'en perpétuer l'appartenance. Souvent installés au sein d'aires aux ressources renouvelables au fil des saisons grâce à la variété des biotopes, ces villages dédoublés manifestaient aussi l'intention de fixité, donc de domination sur les ressources naturelles. Bien que la limite biologique de la domestication ne fut pas encore franchie, le comportement humain était déjà celui du producteur, contrôlant ses ressources. Le reste fut affaire de mutations génétiques « dirigées » au sein des espèces profitables à l'homme. (Sépulture de Bogebakken ; d'après J. Christoffersen.)

Figure 55. Les scènes narratives du Mésolithique rendent vie désormais aux activités quotidiennes. Le rapport à l'image mythique est brisé : l'homme se met en scène lui-même ; comme il tend à contrôler la nature. Ces scènes de chasseurs très pittoresques s'expriment à notre regard, directement telle une bade dessinée ; elles racontent un contenu, elles y placent l'action humaine au centre. Tout notre monde actuel y est contenu et préfiguré, mais l'étape suivante doit être formulée et franchie par nous, aujourd'hui. (Peinture rupestre du Levant espagnol, Abri del Barranco ; d'après F. Jordá et J. Alcácer.)

coquilles et d'ocre rouge. L'existence de telles pratiques sépulcrales, proches de ou dans l'habitat, suggèrent l'antériorité des modifications de la pensée religieuse sur les modifications économiques menant bientôt au Néolithique.

Ces modifications profondes de la pensée se manifestent aussi dans les arts plastiques. Une tradition animalière se poursuit dans les statuettes en ambre de la mer Baltique, tandis que de petites scènes gravées apparaissent dans la même région, associant des silhouettes humaines en défilés. Au Proche Orient, le Natoufien contient à la fois des figures animales sculptées (El Wad, en Israël) et des têtes humaines ou des visages en faible relief (Eynam, en Israël). La figuration humaine y fut donc introduite avant la maîtrise de l'environnement par l'élevage et la domestication.

La création de scènes, liant les personnages entre eux et aux animaux, se retrouve aussi dans l'art du Levant espagnol, où des peintures ornent des surplombs rocheux (fig. 55). Des scènes tirées de la réalité sont représentées, où les figures s'opposent et s'harmonisent pour recréer un événement vécu, un épisode anecdotique.

La pensée shamanique est très concrètement attestée dans cette période au site de Bedburg, en Rhénanie, où des masques faits en têtes de cerfs perforées furent découverts intacts. Ils illustrent bien l'utilisation d'une dépouille, servant à souligner le rôle d'intercesseur de l'officiant, par rapport à sa communauté, vers la nature sauvage. Tout l'esprit n'était donc pas vraiment encore en place dans ces forêts européennes pour franchir le pas de la domestication.

6. LE NÉOLITHIQUE

Au Proche-Orient, entre les 10e et 8e millénaires, des modes d'habitat nouveaux apparaissent, une idéologie nouvelle et une économie différente se mettent en place. On observe une sédentarisation des populations prédatrices, puis une récolte et un réensemencement des graminées sauvages. Celles-ci, au fil de leur sélection, seront orientées vers les variantes favorables à l'alimentation humaine jusqu'à ce que les mutations ainsi favoriées s'installent définitivement dans leur héritage génétique. Parallèlement, la chasse va se spécialiser sur des espèces progressivement mieux contrôlées quant à leur chair et à leur toison. L'architecture débute par des cellules circulaires aux cloisons intérieures orthogonales, puis évolue vers des entités quadrangulaires juxtaposées entre lesquelles passent des ruelles. L'augmentation démographique dont ces structures témoignent et que le contrôle alimentaire justifie imposa des règles sociales nouvelles pour l'organisation des récoltes, les aires de partage, la production et la répartition des biens. À ce moment, les modèles religieux étaient profondément modifiés et l'on arrive ainsi tout droit aux religions historiques, attestées par les textes antiques, dont les prémisses sont néolithiques. Tout porte à croire d'ailleurs que la « révolution » du Néolithique fut d'abord idéologique : cherchant à maîtriser le temps et les rythmes saisonniers, l'humanité a contrôlé ensuite ses ressources. Une simple illustration de ce phénomène spirituel est fournie par les convergences selon lesquelles, en de nombreux points du globe, un processus identique fut suivi vis-à-vis de la nature, dès que l'humanité « était prête ».

Les pratiques sépulcrales se ressentent de ces bouleversements à plus d'un titre. D'abord par l'ensevelissement des défunts dans l'habitat, manifestant l'attachement au lieu et la pérennité de sa possession. Ensuite, les crânes seuls sont conservés, avec les traits du visage sur-modelés, en argile ou en chaux. Ils témoignent de l'importance prise par la personne humaine, dont on a préservé la partie crânienne, considérée comme essentielle, et replacée dans les maisons en marque d'hérédité. Les images sacrées incluent désormais les vestiges humains considérés tels des reliques qui sont réintégrées au monde des vivants. La religion semble alors liée à l'architecture domestique et à l'habitat de chacun : les Institutions religieuses n'apparaîtront que plus tard.

Une des manifestations de la conscience nouvelle tient aux images humaines masculines, nombreuses et évidentes. Elles attestent la prise de conscience du rôle tenu par l'homme dans son propre destin et prolonge, sur le plan plastique, la réalisation des crânes sur-modelés. Par exemple, au Proto-Néolithique d'Aïn Ghazal, en Jordanie, diverses statues de plâtre ou d'argile furent rassemblées en fosses installées dans l'habitat. Il s'agit de figures plates, aux yeux fendus et sans visage, qui se substituent progressivement aux crânes eux-mêmes et en prennent sans doute la fonction. Ce nouvel essor de l'image, cette fois humaine, manifeste à nouveau le pouvoir de la représentation, tel un mot du langage, mais persistant au fil du temps, comme pour maintenir l'effet de son expression. Dans ce cas précis, l'image fut utilisée à des fins rituelles et s'investit de la puissance d'une forme humaine.

Dans la même période, on voit apparaître les « masques » humains en pierre (Hebron, Nahal Hemar, en Israël). Ils possèdent, eux, un rôle social figé et intercèdent entre les communautés sous une forme codée et stable. L'importance des masques n'a pas diminué depuis lors en toute société et pour célébrer certaines circonstances (Levi-Strauss, 1995), mais il est important de noter ici le point d'inflexion où cette pratique apparaît et s'installe : désormais, l'homme anatomique se déguise en homme socialisé pour agir rituellement, alors que jusque-là, il avait agi sous la dépouille de la nature. Ernest Cassirer (1972, vol. 2 : 256) a insisté sur ce basculement crucial où l'homme, à la recherche de lui-même, se « rend visible » par l'image de ses Dieux. Il poursuit ainsi l'entreprise audacieuse de se donner un sens, à travers l'outil, le mot puis l'image.

Les représentations féminines sont elles aussi dès lors plus fréquentes et plus variées : elles annoncent les images des déesses antiques accompagnées de leurs attributs (l'arc et la biche, la chouette, la corne d'abondance). Elles incarnent la force de fécondité et de procréation, particulièrement soulignée par leur pose et leurs accessoires. Ces images plastiques, doublant la réalité sous une forme artificielle, soulignent la permanence de la reproduction. Leur diversité correspond à leurs attributions toujours plus complexes, plus nuancées ou nouvelles. Dès le Néolithique accompli, elles constituent un panthéon. Elles sont faites en terre cuite ou en roches. Les formes sont adipeuses, en position assise exprimant la puissance de la maternité. Parfois, elles portent un enfant, allaitent ou accouchent. Les traits du visage sont rarement exprimés ; les yeux sont bridés et évoquent le serpent ou l'oiseau. Ce sont des images personnelles, associées aux habitats. Parmi les attributs significatifs, on retrouve les félins et le trône. Elles manifestent le calme dans la maîtrise de la bestialité agressive, acquise au nom de l'humanité. Des filiations d'images peuvent être tracées, manifestées par des attitudes différentes, des détails anatomiques variés (mains, poitrine, ventre), tous sans doute porteurs d'un sens symbolique particulier. Elles se trouvent ainsi en équivalence avec la fertilité de la terre et du mystère de la reproduction, animale, végétale et humaine (Éliade, 1976).

Enfin, les représentations animales fournissent des thèmes nouveaux, associés aux images humaines. Elles évoquent déjà la pensée exprimée dans l'Ancien Testament, soit vers l'animalité sauvage, soit vers les animaux d'élevage, «civilisés». Les serpents sont associés à la féminité dans la construction de visages ambigus. Les félins sont liés à la figure féminine assise (modelages) et porteuse de peaux de panthères. Ces allusions se retrouvent aussi sous la forme de plâtres ou de stucs disposés sur les murs. L'oiseau-rapace apparaît dans les statuettes, comme à Nemrik (en Iraq) ou sur les peintures pariétales de Çatal Hüyük (en Turquie), où il emporte les têtes humaines, comme les harpies prendront les âmes défuntes. Surtout, les taureaux apparaissent sous la forme de modelages sur les murs ou de protomés d'argile incluant de réelles chevilles osseuses. Les peintures murales retracent les défis et les jeux entre le taureau et l'homme, dès le 6e millénaire. Le rôle symbolique de telles représentations publiques est évident et amorce les combats entre nature et humanité, ritualisés jusqu'à aujourd'hui dans la tauromachie.

Le Néolithique correspond à l'apparition des dieux conçus à l'image de l'homme. Ils sont de taille variée («perspective morale») et portent des attributs distincts qui les désignent. Leur variation d'aspect et d'attributs retrace l'organisation du monde, comme la société humaine s'organise elle-même symétriquement : spécialisation, hiérarchie, urbanité. Les jeux de taureaux illustrent clairement les défis lancés par l'humanité à la nature. L'envol des rapaces près des humains étêtés illustre le rapt des âmes. Dans le même temps, la Cité s'organise en cellules fonctionnelles distinctes, comme celles des dieux.

La pensée néolithique comporte ainsi différentes strates agencées, reflets de la longue histoire spirituelle traversée par l'humanité. Les forces naturelles, sous la forme d'animaux sauvages et dangereux, relèvent de la strate des chasseurs ; les forces humanisées témoignent des fonctions agricoles nouvelles. Toute cette iconographie restitue la conquête spirituelle sur le milieu naturel et l'emprise sur les forces sauvages. On y perçoit un rapport nouveau aux forces naturelles, nuancé selon les milieux et propre à chaque groupe. La maîtrise de la nature et de ses rythmes par l'agriculture retrouve son écho dans l'art religieux, support de la pensée. Celle-ci surgit peut-être des contraintes sociales dans les nouveaux milieux, aux conditions démographiques déstabilisées. La nouvelle religion qui accompagne ces bouleversements (quel qu'en soit l'effet ou la cause) suscite et encourage l'expansion territoriale et le déplacement des colons, par exemple vers l'Europe.

7. LES BALKANS

L'impulsion donnée par les idées nouvelles provoque, de proche en proche, des mouvements migratoires colonisateurs, d'abord à travers l'Anatolie, puis bientôt les Balkans. Ces populations nouvelles y eurent une répercussion locale, intense sur le plan idéologique comme d'un point de vue économique et technique. L'élevage, l'agriculture et la céramique y semblent apportés, tandis que l'architecture s'adapte à la plus grande pluviosité (maisons à toit en double pente et plan axial). Les contacts avec les populations mésolithiques indigènes provoquent des phénomènes d'acculturation complexe (mer Noire, Danube, Serbie). Ces innovations vont se diffuser sous forme mixte, à l'ensemble de l'Europe «moyenne», au point d'en bouleverser les fondements idéologiques jusqu'à la fin de l'Ancien Régime. Ces modifications, articulées à travers l'espace et le temps, sont donc composites et inédites, aux origines de la pensée européenne d'âge classique, particulièrement de la Grèce antique.

L'une des manifestations architecturales les plus nettes consiste en l'invention du « temple », tel un espace sacré, particulier, découpé dans l'espace social. Il correspond à la délimitation des fonctions collectives dans la société laïque et à la délégation, toujours plus fragmentée, des activités. Comme la fonction religieuse se spécialise, l'Institution religieuse prend forme et matérialise son pouvoir aux yeux de la communauté par un espace et un bâtiment particuliers. La fixité du rituel, son intégration aux autres fonctions sociales illustrent sa portée collective. L'activité religieuse est alors légalisée, socialisée, communautarisée. Symétriquement, les domaines sacrés et profanes se séparent en espaces déterminés et ritualisés. Les « villages » se multiplient et s'étendent aux origines des Cités, régis par une organisation spatiale codifiée. Comme les fonctions se diversifient dans la société, les cellules d'habitat se distinguent et se complètent par leur orientation et leur disposition.

En Grèce, ces premières modifications apparaissent aux villages du site de Sesklo, dans ses différentes phases. En Roumanie, le temple de La Parþa contient différentes composantes (mobilier et cellules) suggérant les diverses activités qui s'y déroulèrent : vasques, banquettes, statuettes féminines et de bovidés.

La délimitation des espaces entre sacré et profane permet le passage vers un monde neuf, inconnu, dont on peut faire la conquête par la voie symbolique de la « civilisation », soit par l'emprise du religieux sur le sauvage. Cette délimitation extensible justifie et provoque l'expansion territoriale du Néolithique par la sacralisation des espaces conquis traversés. Elle rappelle le geste d'implantation de la croix par les conquérants du Nouveau Monde dans un contexte chrétien.

À l'entrée du temple de La Parþa, on retrouve le couple monumental à vocation collective, constitué de la femme et du taureau. Désormais, la représentation est de grandes dimensions, car le rituel est à vocation communautaire. Les fonctions religieuses se sont spécialisées dans un panthéon, un clergé et un temple. Ces espaces découpés préfigurent les jardins mythologiques de la Grèce ancienne.

De nouvelles images apparaissent, comme les statuettes féminines aux attitudes variées et aux décors corporels nouveaux, aux attributs diversifiés. Leur fonction et leur rôle se diversifient pour constituer le « panthéon néolithique », aux origines de la pensée religieuse grecque. Des associations animales fréquentes apparaissent : les oiseaux, serpents, cerfs, bovidés forment autant d'attributs naturels. On les voit trônant, debout, bras tendus, aux traits génitaux accentués, ou en cours d'allaitement. Les statuettes masculines font elles aussi souvent leur apparition, sous la forme de petites figurines en pierre ou en terre cuite, assises, bras repliés (dans l'attitude dite « du penseur »). Elles s'écartent de la sérénité plantureuse des femmes et, loin d'incarner les divinités, évoquent plutôt le peuple des fidèles, en position d'adorateurs respectueux. Les images animales se présentent comme des dessins, des peintures ou des modelages. Ce sont surtout des figurations de taureaux, parfois réduites aux seules doubles cornes. Mais on trouve aussi très souvent des modèles de motifs spiralés, peints ou gravés sur les poteries, et évoquant l'enroulement des coquilles. Ces allusions désignent les milieux aquatiques, d'où toute vie est issue. Mais elles évoquent surtout le renouvellement de cette vie, la renaissance, la revitalisation lors de la naissance sociale par l'initiation ou comme signe d'espérance associé aux sépultures. Ces rituels se trouvent également symbolisés dans le mobilier des temples sous la forme des vasques ou bassins contenant l'eau régénératrice. Ils accompagnent les passages initiatiques lors du renouvellement de la vie par la fécondité du sol et les maisons.

L'Institution liturgique donne une forme nouvelle à la religion, aux prémisses de l'Antiquité, et apparaît dès les 6e et 7e millénaires. La catégorisation, la définition et la délimitation des fonctions sacrées équivaut à la compartimentation des structures sociales dans les sociétés productrices. Le temple (« templum », découpé) s'installe dans la ville en y distinguant les espaces sacrés et profanes. Les colons, dès lors, s'aventurent dans le paysage neuf et inconnu, rendu accessible par la pensée religieuse, active et conquérante. Par les implantations, ils matérialisent la différence entre le chaos et l'espace conquis, maîtrisé par l'esprit au nom de l'humanité. Cette sacralisation rituelle préalable forme un des universaux, fréquents dans ce type de contexte, toujours liés à l'assurance dont les colons disposent grâce à leur idéologie où domine la conquête physique comme témoignage renouvelé de la maîtrise spirituelle.

Les temples illustrent la délégation des fonctions religieuses à ces membres, tout comme aujourd'hui, mais on oublie souvent que c'est une idée « neuve » et profondément dépendante des valeurs des agriculteurs, non de l'humanité dans son ensemble. C'est pourquoi l'Ancien Testament témoigne d'un tel déchirement, lors de l'exil du Paradis Terrestre, et entre les deux frères rivaux, Caïn et Abel. Les découpages fonctionnels tracés dans le corps social lui-même produisent une religion instituée, intégrée mais distincte des autres activités, dont le caractère « laïque » se trouve tout à coup avéré, comme s'il se révélait à lui-même.

Cette parcellisation se reproduit lors des « cérémonies » collectives, elles-mêmes extraites d'un temps continu, désormais découpé, catégorisé en phases, en circonstances, en fêtes (saisons, moissons, semis, réveil). Pareillement, leur manifestation publique solidarise la société dans son ensemble, d'une façon spectaculaire et attendue, programmée, maîtrisée comme le cycle du temps lui-même. Cette parcellisation se répercute sur les attributs spécialisés : l'eau, la terre, le serpent, l'oiseau. On assiste donc à l'abandon, à la rémission des rapports directs et individuels de l'homme avec les forces spirituelles de la nature, par la délégation. Désormais, les sociétés se constituent par référence à un destin collectif commun, qu'il soit ou non limité à la sphère religieuse de la pensée. Les convictions surnaturelles se trouvent désormais codifiées ; elles imposent leurs valeurs à toute la société, puis au reste du Monde, réparti entre « chaotique » et civilisé. Dans l'ordre des choses, la conquête fut d'abord spirituelle, puis technique et physique, enfin territoriale. La liberté ainsi acquise vis-à-vis des forces naturelles fournit une assurance inouïe, mais seulement sur la société restée solidaire : les mystiques comme les excentriques en deviendront des ennemis mortels. La loi morale s'impose d'une façon d'autant plus stricte que les nouvelles conquêtes sur les lois naturelles lui donnent sa légitimité ; les abstractions du Bien et du Mal en seront directement issues, ainsi que la « légitime » dureté d'une sanction, considérée comme vitale pour l'ensemble de la collectivité. La maîtrise des mondes inconnus de l'espace n'est sûrement pas anodine sur le plan des rapports interpersonnels : là aussi, une délimitation « sacralisée » fut imposée aux comportements de chacun.

8. L'OCCIDENT NÉOLITHIQUE

Le mouvement de néolithisation vers l'ouest européen participe à la fois d'une migration et d'une acculturation des peuples locaux précédents. On retrouve donc les traces des deux processus, celles d'une action pionnière et celles d'adaptations culturelles successives. Sur le plan géographique, ce processus s'est effectué selon deux directions : la voie danubienne, vers l'Europe Centrale jusqu'à la mer du Nord, et la voie méditerranéenne, jusqu'à la péninsule ibérique et l'Atlantique.

Dans le bassin danubien, l'expansion néolithique se fit au cours du 6ᵉ millénaire, en un mouvement rapide, issu du bassin pannonien (Hongrie actuelle), probablement à la suite de l'acculturation des populations mésolithiques locales. Les décors en rubans, disposés sur la panse des céramiques, s'enroulent en spirales rappelant le motif de la coquille, suggérant donc probablement les symboles de l'eau, de la vie et de la renaissance. Ce décor se retrouve dans toute l'Europe « moyenne » et y semble porteur de la même signification, fondée sur le renouvellement propre à l'agriculture, aux cycles annuels et saisonniers, comme les astres eux-mêmes. Quelques vases possèdent un décor modelé, en forme de bovidés (cornes et pattes ajoutées) ou d'oiseau (forme de l'*askos* grec). Curieusement, les images féminines disparaissent vers l'ouest du continent. L'organisation du temple se retrouve dans le plan orienté de l'habitat lui-même. Les villages ont découpé le paysage, y définissant des espaces clos, délimités. Leur rigueur et la régularité de leur installation reflètent la sacralisation des territoires conquis depuis les Balkans. En effet, on retrouve des orientations cardinales déterminées par les accès aux enceintes ainsi implantées dans le paysage naturel. Un rapport au sol est ainsi établi, aligné sur les mouvements solaires (plan de Darion en Belgique et enceintes de Lengyel en Moravie et en Basse-Autriche). Un ordre d'origine céleste est ainsi imposé au monde inconnu et, progressivement, sacralisé puis conquis. Ce « transfert » des dieux aux hommes reproduit l'ordre de la cité originelle idéalisée. Il témoigne du passage du chaos à la connaissance et renouvelle la démonstration de l'emprise par l'esprit.

Dans ce contexte, les sépultures sont individuelles et regroupées en nécropoles, à proximité des villages. Ces lieux de repos des morts accompagnent donc les activités des survivants qui en poursuivent l'existence. Les mobiliers funéraires sont faits de vases, d'outils et du symbole habituel de la vie, la coquille, disposée près du défunt. Dans les enceintes, on retrouve aussi des « bucranes » (chevilles osseuses des bovidés), rappelant le taureau vaincu aux origines de la domestication. Le site de Menneville (en France) illustre bien la double composante de ce Néolithique ancien : bucranes et sépultures se trouvent dans les fossés, tandis que les bois de cerfs rappellent le rapport entretenu par les Mésolithiques avec la nature. Progressivement, l'espace conquis se sacralise et les défunts en assurent la pérennité. Les symboles des animaux puissants maîtrisés (taureaux) y sont enfouis, tandis que la nature sauvage y est manifestée par le signe de sa revitalisation (bois de cerfs). L'habitat des pionniers néolithiques intègre donc les deux courants de pensée et leurs deux conceptions du monde, sauvage et civilisé.

La notion de maternité est si puissamment liée aux expressions funéraires qu'on en retrouve l'image, en faible relief, sur les parois des hypogées dans le nord de la France. Les grands yeux, ouverts et fixes, se trouvent jumelés sur les vases à décors «ocellés» dans les tombes mégalithiques de la façade atlantique. Le mouvement méditerranéen produit de grandes figures en «orants» aux bras levés, soit dans les peintures pariétales espagnoles, soit dans les gravures sur vases («Cardial»).

Le Néolithique occidental s'affermit au cours des 5e et 4e millénaires, dans l'équivalent de sa phase «moyenne» (civilisation Chasséenne). À ce stade, il semble que les différents courants extérieurs et indigènes se soient homogénéisés en une expression puissante et propre à l'Europe de l'ouest. De nombreuses et vastes enceintes témoignent du développement démographique et d'une intégration totale aux paysages. Les sépultures, proches des villages, sont collectives et monumentales : elles désignent l'appartenance et l'hérédité du paysage lui-même au groupe enseveli. D'abord de terre et de bois, elles sont installées bientôt sous d'énormes dalles de pierre agencées, les «dolmens». Il ne nous reste le plus souvent que la structure interne de ce qui, jadis, était recouvert d'un tertre de terre. Ces marques de propriété immuable signent le paysage et impliquent une forte conviction religieuse autant qu'une large solidarité. Cette organisation religieuse s'étendait donc à toute la société et en constituait la structuration globale. L'intensité des réseaux d'échanges est témoignée par les mines très étendues et à caractère industriel. La cohésion des systèmes économiques et techniques était donc assurée par la cohésion des systèmes religieux, largement admis et assimilés. Les images féminines se réduisent parfois à des silhouettes gravées et piquetées, au regard souligné. Des statuettes féminines plates en terre cuite possèdent des détails gravés. Elles sont acéphales et brûlées, comme si elles avaient subi un acte rituel. Les stèles et les bas-reliefs à suggestion féminine portent des haches et des colliers symboliques, comme on en retrouve à l'intérieur des sépultures collectives. Sur le plan social, les systèmes culturels présentent une structure forte et durable. Les institutions possèdent le contrôle et la puissance qui leur permettent de surmonter les chocs dus aux acculturations entre autochtones et migrants. Les forces du groupe se trouvent galvanisées dans les constructions mégalithiques collectives, qui en assurent la cohésion.

À l'extrême ouest européen, les effets de rivage se font sentir dans les modes d'expressions sociales. Les contacts marins ouvrent vers l'infini insurpassable et orientent les constructions vers le ciel. Au Néolithique récent, des bouleversements profonds touchent les limites des aires continentales. C'est la fin de l'expansion, la fin d'une ère, une période de flottement et de troubles, amorçant les mutations vers les âges des métaux. La plus forte densité de monuments mégalithiques se concentre sur les rivages marins, en fin de terre, où les éléments se touchent et se confondent. Dans les brumes atlantiques, les milieux changent et l'homme s'oriente vers le cosmos pour dresser ses monuments. Du Portugal à l'Irlande, sur les franges de l'inaccessible, les mégalithes s'agglutinent au contact avec la mer, en respectant les orientations astrales. Le lien s'établit entre l'espace et les hommes via les monuments funéraires ou les pierres dressées alignées ou en cercles. Les menhirs, pierres dressées et rassemblées, forment des cercles ouverts orientés sur les points cardinaux et sur les déplacements des astres. Ils semblent avoir été utilisés dans le calcul des saisons, par exemple pour déterminer les phases critiques de l'agriculture et prévoir ainsi les cérémonies. Placés surtout dans les hautes latitudes, ces monuments accrochent d'autant mieux les lumières astrales et portent des ombres allongées. C'est aussi dans ces latitudes que le renouvellement des saisons paraît le plus crucial et justifie l'orientation de certains monuments vers le solstice d'été, symbole du renouvellement de la vie. Le cheminement des astres porte alors le destin des hommes et les dessins des mouvements astraux forment l'image des actions divines. Les cultes astraux suscitent aussi des figures aux limites de l'abstraction : étoiles, cercles, points, spirales.

9. LES ÂGES DES MÉTAUX

La maîtrise de la métallurgie a permis la concentration des richesses et du pouvoir. Leur répartition suscite la hiérarchisation en classes sociales stratifiées, le développement du commerce, le basculement vers de nouveaux centres producteurs, le perfectionnement des armes et l'apparition de conflits guerriers de grande ampleur. Les cultes liés à la force, aux armes, à l'agressivité s'expriment dans une nouvelle gamme de signes symboliques : la roue, le char, le soleil ou la lune. Les inhumations princières apparaissent, avec étalage des richesses individuelles, exprimant le pouvoir temporel. Les statuettes et les stèles présentent des thèmes d'oiseaux ou de chars, suggérant l'idée du voyage, autant terrestre que funéraire. L'art rupestre alpin se développe en altitude. Guerriers, cavaliers, armes, combats ornent les parois du Val Camonica (Italie), du Mont Bégo (France) ou de Scandinavie. Des thèmes nouveaux apparaissent qui semblent liés à la mythologie indo-européenne : l'arbre de vie (le chêne chez les Celtes) et l'attelage qui évoque la fécondité agricole. La mythologie celtique est orientée vers l'image de certains dieux et est éclairée par certains textes sacrés qui nous sont parvenus (les « mabinogions »). Parmi les dieux anciens, le taureau évoque les combats, le sang et la vie, le cerf symbolise le renouvellement, tandis que les images neuves évoquent la roue et le feu (Taranis), le marteau et la forge (Dagda). Les rois eux-mêmes étaient divinisés comme des héros grecs, intermédiaires entre l'humanité et les dieux. Une nouvelle strate est ainsi ajoutée à la pensée religieuse préhistorique. D'abord dominée par les dieux « naturels » (le cerf) des peuples chasseurs, la mythologie inclut à la fois des dieux producteurs (taureaux), puis les dieux guerriers (roues, feu). L'équivalence demeure entre les modes de vie et les systèmes de croyance, sans qu'il soit toujours possible de distinguer lequel est le moteur de l'autre. Et comme pour les langues elles-mêmes, les expressions spirituelles se superposent, s'entremêlent et s'intègrent, mais ne s'excluent pas : on peut en retrouver les racines et en décrypter la genèse. La mythologie est en équivalence avec les expressions hiérarchiques, exprimées par exemple dans les tombes princières, dans la concentration des richesses et dans le développement des conflits. Cependant, il n'est pas nécessaire d'y voir, comme certains auteurs, l'indice d'un mouvement de peuples (et d'une autorité) extérieurs, imposant divinités, religions et valeurs nouvelles. Nous y voyons plutôt une forme de cohérence logique, partout ailleurs exprimée dans le développement spirituel : il n'existe pas de société agricole dépourvue de justification métaphysique fondée sur le rythme salutaire des saisons. Il n'existe pas davantage une société métallurgiste laissant de côté un des aspects cruciaux de son mode de vie dans l'explication ultime qu'elle se fait de la course du monde et de la puissance des métaux : mieux que les hommes, les dieux les maîtrisent, tels Vulcain et Héphaïstos. La logique suivie dans le geste du fondeur était toute de cohérence avec les explications qu'il se donnait sur les phénomènes analogues échappant à son emprise, comme les feux de la terre et des astres. À l'image des hommes, les dieux interviennent dans la conduite du monde, ils dictent les événements et établissent l'échelle des valeurs humaines. Quel que soit le sens donné à ce mouvement (de la pensée religieuse aux techniques, ou l'inverse), nous y constatons toujours une harmonie globale, justifiant ses diverses composantes les unes par les autres, de telle sorte que l'on puisse concevoir, tout aussi légitimement, un monde de foi, comme un monde de techniques. Toujours pourtant, une pensée globale y règne, intégrant les causalités les unes aux autres afin que l'esprit dispose d'une emprise renouvelée sur le déroulement du monde, soit observé et justifié, soit expliqué et modifié.

Conclusions

Le développement de l'esprit apparaît dès les origines de l'homme, il y a 2 à 3 millions d'années. Il est témoigné par les activités techniques (pas d'outil sans parole), les règles de partage social (symbolisation des groupes) et l'organisation de la chasse (coordination des rôles). Toutes les traces archéologiques matérielles témoignent de l'apparition de la conscience par l'emprise qu'elle donne sur le monde, sur le déroulement du temps, sur les actions naturelles. On peut dès lors imaginer un langage équivalent, au minimum, aux capacités nécessaires exprimées dans les domaines matériels (chasse, habitat, outils). Ces aptitudes furent employées pour transmettre une information ou une émotion par voie symbolique abstraite. Elles ont elles-mêmes suscité la constitution d'autres formes de relations humaines. S'il y eut jamais « sélection naturelle » chez l'homme, elle a porté sur les aptitudes à saisir et à développer les notions abstraites. Mais on peut tout aussi bien rejeter toute forme de sélection pour concevoir une force d'adaptation d'un esprit, toujours potentiellement très malléable, mais jamais utilisé dans la plénitude de ses moyens : la culture alors sollicite les moyens nécessaires à cette évolution, non par l'élimination des « moins aptes » mais par la sollicitation de chacun. Il n'existe donc pas un point biologique correspondant à l'émergence de l'homme : il faut savoir admettre que nous participons à un processus d'origine naturelle et qui est toujours en cours. Souvent, notre esprit rejette l'abîme ouvert dans les deux sens, aux origines et vers l'avenir, en préférant s'imaginer comme l'aboutissement ultime d'une évolution grandiose. Seul le degré de complexité atteint par notre esprit distingue la pensée de l'homme, non sa nature primordiale. En d'autres termes, la culture constituée au fil de millions d'années nous échappe dans sa complexité : elle fonctionne d'une manière autonome, extérieure à chacun de nous. Nous n'avons plus à en refaire la genèse à chaque génération, comme l'animal apprend de sa mère le comportement utile à sa survie. Nous prenons le train en marche et notre vie, dans le meilleur des cas, se réduit à lui donner une faible impulsion supplémentaire, dans le cadre précis et limité de nos activités : la préhistoire rend humble ! Mais, si réduit soit-il, ce défi doit être relevé, car il est à notre échelle et donne un sens (un « destin ») à chaque existence. Au fond, rien ne subsiste de rationnel dans l'évolution de la pensée du point de vue de ses acteurs : tous sont mus par un désir d'existence qui les pousse à se justifier à leurs propres yeux et aux yeux des autres. La curiosité ou l'audace sont sans doute les caractéristiques les plus spécifiquement humaines, et ceci dès qu'un primate s'est aventuré à quitter le milieu arboré qui l'avait fait vivre sereinement jusque-là.

Comme et avec la conscience, le sentiment de sacré a dû se développer aussitôt et, avec lui, une forme de religiosité. Le sacré correspond au pressentiment de vérité issu du développement de la conscience : l'emprise sur l'environnement, par la volonté, implique l'existence d'autres lois, d'autres acteurs auxquels l'homme n'a pas directement accès, mais qui existent grâce à leur révélation quotidienne : attitudes des animaux, monde céleste, rythmes saisonniers. L'emprise de la volonté sur les lois mécaniques des matériaux suggère la cohérence des actes universels et inaccessibles. Elle est à l'origine de la pensée mythique qui justifie les événements naturels par un récit où l'homme lui-même intervient sous une forme ancestrale. Des traces archéologiques illustrent de telles audaces physiques et métaphysiques : le façonnement d'outils, la maîtrise du feu, la conservation des crânes. En particulier, le feu, apparu vers 1,6 million d'années, a pu susciter ce mode de réflexion dialectique entre esprit et matière : les lois physiques étaient bouleversées par l'action humaine, de la même façon que la vie naturelle était chargée d'esprits qui en guidaient le cours. La notion de feu est ainsi inscrite dans d'innombrables mythes, répartis à travers le monde, et expliquant la naissance de toute créature et de tout univers (Frazer, 1931). Au stade originel tout au moins, il n'est donc pas question pour nous de séparer les aspects rationnels dans la pensée primitive (emprise par la conscience) des aspects irrationnels, imaginatifs qui lui ont donné son dynamisme, sa raison d'être et son exaltation. L'homme est humain, non pas seulement par sa pensée, mais parce qu'il y prend plaisir, qu'il y trouve une reconnaissance et qu'il s'y laisse bercer par l'imagination créatrice. Les traces un peu sèches laissées par les comportements prévisionnels n'effaceront jamais l'essentiel, c'est-à-dire le plaisir qu'il eut à les façonner et notre plaisir actuel à les rendre intelligibles.

Une de ces étapes fondamentales fut franchie par la mise à mort sanglante du gibier, analogue à la mort de l'homme lui-même. Pour quitter la forêt originelle où tous les autres primates ont subsisté, il a fallu que l'homme échange sa vie contre la mort animale et témoigne ainsi de cette première audace, de cette première transgression : le principe du sacrifice était dès lors créé. D'autres étapes furent franchies successivement dans la « libération » de l'esprit, par exemple lors de la conquête du feu, établissant la distance entre humanité et animalité. Dans de telles transgressions apparurent probablement les premiers actes rituels, comme expression de la pensée active. Par exemple, avant la mise à mort, il fallait d'abord désigner l'animal comme une chose, l'extraire du statut commun à toute création dont l'homme lui-même est solidaire. Le rituel permettait un tel passage, évitant ainsi la valeur autodestructrice que la chasse aurait revêtue sinon.

Les objets façonnés poursuivent et maintiennent l'élaboration de la pensée humaine au fil des millénaires. Cependant, plus encore, les objets rapportés, tels que les crânes humains attestés dès le Paléolithique inférieur et conservés comme des images naturelles, prennent dès lors la valeur de reliques. Bientôt, on observe la récolte de fossiles dont la signification, quelle qu'elle ait été, s'est trouvée incarnée dans l'objet et non dans son image, comme c'était le cas pour l'outil. On voit donc s'élaborer des « sens complémentaires » et dissociés par rapport à l'action directe. Des valeurs spirituelles s'incarnent dans certains objets ou certaines dépouilles « faisant images », comme un fétiche, tels les fossiles en tant que traces de l'animal et le crâne humain témoignant de la personne vivante.

Dans toute cette évolution spirituelle, l'apparition des sépultures marque un véritable pivot, incontestable et étonnement ancien : en plein milieu néandertalien, il y a une centaine de millénaires. La protection des restes humains au-delà de la mort leur assure un destin différent de l'animal : ils ne se transformeront pas en chair et resteront parallèles à la vie animale. Leur destin échappe aux lois naturelles. Les dépôts funéraires, souvent des fétiches animaux (ramures, ossements), rappellent cette affinité avec la nature dont l'homme s'est extrait et s'est rendu maître, jusque dans les symboles de la mort. Au même stade, la technologie lithique atteint son apogée par un raffinement et une souplesse extrêmes, permettant l'adaptation à tous les milieux et la prévision de toutes les actions, étalées dans l'espace à parcourir et le déroulement du temps à maîtriser.

Avec le Paléolithique supérieur, les images deviennent des illusions graphiques qui évoquent la réalité d'une façon analogique, au point que nous puissions encore aujourd'hui identifier cette réalité. Les formes naturelles seront désormais créées par l'homme et maîtrisées symboliquement lors des rituels. La pensée métaphysique étale des cortèges d'animaux mythiques par le jeu des images organisées qui semblent fournir des explications mystérieuses au monde. Les créations deviennent de plus en plus complexes et élaborées, comme si elles se substituaient à la réalité. Les rituels jouent alors le rôle d'intercesseur, non avec le monde réel, mais avec ces images qui l'incarnent. Dans la même période, on voit apparaître l'usage des pendeloques d'origine animale, conférant leur statut aux porteurs, ainsi désignés dans leur rang et leurs fonctions. Probablement dans les mêmes phases apparaissent les rituels «classiques» au monde des chasseurs que sont les transes shamaniques, les pratiques d'initiation ou l'emploi de la magie.

Le Mésolithique représente une autre de ces phases charnières, lorsque l'homme cherche à se libérer de toute contrainte naturelle, économique comme symbolique. On retrouve là l'ancien mythe du Paradis Terrestre où régnait l'harmonie avec la nature et dont l'homme fut chassé pour cultiver la terre. Ce défi-là, plus récent et plus clair, nous concerne tous encore, car notre subsistance reste toujours tirée de cette maîtrise chaotique de la vie sauvage par l'agriculture et l'élevage : l'actualité brûlante nous le rappelle quotidiennement. Au Mésolithique, les figures humaines prennent la place des animaux : l'homme devient acteur, s'installe au nom des dieux dans des mises en scène dont il sort vainqueur. Les représentations sont narratives, naturalistes, comme si la réalité devait être reproduite dans son vécu quotidien et qu'au-delà de tout mystère mythologique, c'est la réalité elle-même qui l'emporte sur les actes symboliques. L'homme s'est donné un nouveau destin, par son imagination, son audace, puis sa production alimentaire. Ce témoignage s'observe aussi via les tombes, désormais assemblées en cimetières, proches des résidences et couvertes de bois de cerfs, signes de la revitalisation.

Avec le Néolithique et l'apparition de l'agriculture, les dieux sont de forme humaine. Une mutation fondamentale dans leur représentation et leur symbolisme apparaît : la fertilité est rendue par une image féminine évoquant la procréation par ses attributs et ses attitudes. La pensée humaine ose la maîtrise de sa propre production alimentaire, par voie imagée autant que par voie physique. La nature domestiquée se trouve évoquée par les félidés, maintenus sous les accoudoirs. Les images masculines évoquent les ancêtres du clan, soit sous la forme réelle du crâne sur-modelé, soit sous la forme allusive du modèle en terre cuite. L'institution religieuse suit bientôt par la création de temples qui délimitent un espace sacré au sein du village. Chaque fonction sociale se trouve alors déléguée à une fraction du groupe et les sciences de l'observation naissent par la mesure du temps astral et le calcul des espaces terrestres. Cette sacralisation des espaces conquis permet et justifie une expansion rapide des peuples agriculteurs, du Proche-Orient vers l'Atlantique.

Les mégalithes s'érigent aux rivages océaniques, par la réunion et la coordination des forces physiques et spirituelles, galvanisées dans une entreprise commune, analogue à celle qui fit pousser nos cathédrales. L'astronomie (peut-être déjà présente au Paléolithique) se fonde alors sur la relation trouble entretenue aux limites de l'expansion, entre la mer, le ciel et la terre, en contact étroit. L'allusion aux forces vaincues se trouve exprimée dans les symboles animaux, sauvages mais dominés, tels les bovidés, les rapaces, les félins. Par les dérives plastiques qu'elles subissent, ces silhouettes sont bientôt réduites à l'état de schémas, à peine lisibles aujourd'hui mais qui maintenaient tout leur sens, en signes de proto-écriture : les cercles, étoiles, points, spirales. Les animaux se réduisent alors aux rôles d'attributs et vont être conservés sous ce statut jusque dans l'imagerie grecque ou la pensé juive (l'épisode du veau d'or, l'importance du verbe, la notion de Paradis perdu). Tous les symboles sont alors déversés dans une mythologie moderne, à vocation symbolique universelle : l'eau, l'arbre, la coquille, les astres, les montagnes, les cervidés. Des significations nouvelles sont progressivement ajoutées, selon les contextes successifs, à une pensée charpentée dès sa formation.

Depuis les origines, l'humanité semble traversée par un trouble métaphysique issu de sa double nature, biologique et culturelle, l'une se dégageant de l'autre. Il en résulte un déchirement qui pousse l'humanité à se forger un destin autonome, choisi puis subi. Dès qu'il y a pensée, il y a recherche d'explications afin de justifier l'ordre découvert peu à peu dans la nature. Cette cohérence logique est appliquée aussi à la propre action de l'homme, qu'il étend à mesure de ses découvertes à l'ensemble du monde. L'explication ultime reste par conséquent toujours «en fuite» devant l'extension des connaissances et peut prendre des formes multiples : religions, philosophies, sciences. Les «progrès» de la raison ne firent que reculer les limites de l'irrationnel, non en supprimer le statut. À chaque étape du développement des connaissances correspond une extension de la conscience que l'homme s'est fait de lui-même. En matière historique, le mécanisme se double d'un fonctionnement dynamique fondé sur le déroulement du temps et des traditions définissant le code des valeurs. La pensée individuelle pousse et suscite de nouvelles «explications» qui sont autant de satisfactions, de soulagements aux interrogations perpétuellement renouvelées. Mais ces découvertes successives ne deviennent des «vérités» opérationnelles que lorsqu'elles sont intégrées par la règle, qui les justifie et les perpétue. En archéologie, nous ne saisissons donc que la pensée instituée, accaparée au titre de loi et reproduite pour cette raison. Aujourd'hui encore, il est bien connu qu'une faible partie seulement de nos moyens intellectuels sont réellement utilisés dans notre vie sociale ordinaire. Ce que nous connaissons des réalisations paléolithiques reste sans doute extrêmement limité par rapport aux capacités effectives des hommes paléolithiques.

Au fil du temps, on peut observer de nombreuses alternances révélant cette audace de l'esprit par rapport à la règle, cette succession de défis lancés par l'homme, d'abord à la nature, ensuite à lui-même. L'humanité s'affranchit d'abord des contraintes forestières originelles, l'homme consomme ensuite l'animal dont la vie est analogue à la sienne, puis il remplace ses reliques par des images animales. Plus tard, il oppose la représentation humaine à celle des animaux, puis l'agriculture à la récolte sauvage et la domestication à la chasse. Enfin, les Chrétiens font de l'homme un Dieu et la pensée grecque le met devant le destin à accomplir par chacun. L'alternance apparaît comme une révélation, ouvre de nouvelles perspectives à l'esprit, fonde de nouveaux espoirs. Aujourd'hui, la science s'est subtilement substituée à la religion : elle investit, sur le plan anthropologique, le domaine de l'inaccessible et de l'incontestable, jadis réservé au sacré ; c'est pourquoi chacun y croit et personne n'ose en contester la légitimité. La notion de science implique l'existence de vérités, réelles mais inaccessibles dans le quotidien. On est ainsi passé d'une quête de la vérité à une loi morale. Les leçons livrées par la préhistoire de l'humanité indiquent que, pour exister, l'esprit humain doit chaque jour s'opposer à toute règle instituée, échapper à la loi et retrouver le sens « sacré » de ses propres valeurs dans les arts, l'aventure ou la poésie.

Bibliographie

BAR-YOSEF Ofer et VANDERMEERSCH Bernard (éd.), *Le squelette moustérien de Kébara 2*, Paris : CNRS (coll. «Cahiers de Paléoanthropologie»).

BEDNARIK Robert G. (1995), «Concept-mediated marking in the Lower Palaeolithic», *Current Anthropology*, 36(4) : 605-616.

BELFER-COHEN Anna et GOREN-INBAR Naama (1994), «Cognition and communication in the Levantine Lower Palaeolithic», *World Archaeology*, 26(2) : 144-157.

BEYRIES Sylvie et WALTER P. (1996), «Racloirs et colorants à Combe-Grenal. Le problème de la retouche Quina», *Quaternaria Nova*, VI : 167-185.

BORDES François (1968), *Le Paléolithique dans le monde*, Paris : Hachette.

BORDES François (1969), «Les chasseurs», dans *La France au temps des mammouths*, Paris : Hachette, 93-131 (coll. «Ages d'Or et Réalités»).

BOSINSKI Gerhard (1996), *Les origines de l'homme en Europe et en Asie : atlas des sites du Paléolithique inférieur*, Paris : Errance.

BOULE Marcelin (1909), «L'homme fossile de la Chapelle-aux-Saints (Corrèze)», *L'Anthropologie*, 20 : 257-271.

BRÉZILLON Michel (1968), *La dénomination des objets de pierre taillée. Matériaux pour un vocabulaire des préhistoriens de langue française*, Paris : CNRS (IVe supplément à «Gallia Préhistoire»).

BRIL Jacques (1973), *L'invention comme phénomène anthropologique*, Paris : Librairie C. Klincksieck.

BYERS A. Martin (1994), «Symboling and the Middle-Upper Palaeolithic transition : a theoritical and methodological critique», *Current Anthropology*, 35(4) : 369-400.

CASSIRER Ernst (1972), *La philosophie des formes symboliques. 2 : La pensée mythique*; *3 : La phénoménologie de la connaissance*, Paris : Éditions de Minuit (coll. «Le sens commun»).

CHASE Philip G. et DIBBLE Harrold L. (1987), Middle Paleolithic symbolism : a review of current evidence and interpretations, *Journal of Anthropological Archaeology*, 6 : 263-296.

COPPENS Yves (1983), « Les Hominidés du Pliocène et du Pléistocène d'Afrique orientale », *VIIe Congrès Soc. Prim. Intern.*, Paris, 155-168.

CZIESLA Erwin (1992), *Jäger und Sammler. Die mittlere Steinzeit im Landkreis Pirmasens*, Brühl : Linden Soft Verlag.

DAMBRICOURT Anne (2000), *La légende maudite du vingtième siècle. L'erreur darwinienne*, Strasbourg : La Nuée Bleue (coll. « Objectif demain »).

DAUVOIS Michel (1989), « Son et musique paléolithiques », *Les Dossiers de l'Archéologie*, 142 : 2-11.

DAVIDSON Iain et NOBBLE William (1989), « The archaeology of perception : traces of depiction and language », *Current Anthropology*, 30(2) : 125-155.

DESBROSSE René et KOZLOWSKI Janusz K. (1994), *Les habitats préhistoriques. Des Australopithèques aux premiers agriculteurs*, Paris : CTHS (coll. « Documents préhistoriques », 6).

DEWEZ Michel (dir.) (1974), « Nouvelles recherches à la grotte de Remouchamps », *Bulletin de la Société royale belge d'Anthropologie et Préhistoire*, 85 : 5-161.

DONALD Merlin (1993), « Précis of origins of the modern mind : three stages in the evolution of culture and cognition », *Behavioral and Brain Sciences*, 16 : 737-791.

DONALD Merlin (1999), *Les origines de l'esprit moderne. Trois étapes dans l'évolution de la culture et de la cognition*, Bruxelles : De Boeck Université (coll. « Neurosciences & Cognition »).

DUCROS Albert, DUCROS Jacqueline et JOULIAN Frédéric (dir.) (1998), *La culture est-elle naturelle ? Histoire, épistémologie et applications récentes du concept de culture*, Paris : Errance (coll. « Hespérides »).

DURHAM William H. (1991), *Coevolution. Genes, Culture, and Human Diversity*, Stanford : Stanford University Press.

ECCLES John C. (1992), *Évolution du cerveau et création de la conscience. À la recherche de la vraie nature de l'homme*, Paris : Librairie Arthème Fayard (ré-éd. 1994, Flammarion, coll. « Champs »).

EDELMAN Gerald M. (1992), *Biologie de la conscience*, Paris : Odile Jacob (ré-éd. 2000, coll. « Poches Odile Jacob »).

ÉLIADE Mircea (1976), *Histoire des croyances et idées religieuses. Vol. I : De l'Âge de la Pierre aux Mystères d'Éleusis*, Paris, Payot.

FRAZER James G. (1931), *Mythes sur l'origine du feu*, Paris : Payot (coll. « Bibliothèque scientifique »).

GENESTE Jean-Michel (1989), « Économie des ressources lithiques dans le Moustérien du sud-ouest de la France », dans M. Patou et L.G. Freeman (coord.), *L'Homme de Neandertal. Vol. 6 : La subsistance*, Actes du Colloque de Liège (décembre 1986), Liège : Université de Liège, p. 75-97 (coll. « ERAUL », 33).

GENESTE Jean-Michel et PLISSON Hugues (1986), « Le Solutréen de la grotte de Combe-Saunière I (Dordogne). Première approche palethnologique », *Gallia Préhistoire*, 29(1) : 9-27.

GIBSON Kathleen R. et INGOLD Tim (éd.) (1993), *Tools, Language and Cognition in Human Evolution*, Cambridge : Cambridge University Press.

GOREN-INBAR Naama (1986), « A figurine from the Acheulean site of Berekhat Ram », *Mitokufat Haeven*, 19 : 7-28.

GREEN André (1995), *La causalité psychique. Entre nature et culture*, Paris : Odile Jacob.

HAHN Joachim, MÜLLER-BECK Hansjürgen et TAUTE Wolfgang (1985), *Eiszeithöhlen im Lonetal. Archäologie einer Landschaft auf der Schwäbischen Alb*, Stuttgart, Konrad Theiss Verlag.

HAYDEN Brian (1993), « The cultural capacities of Neandertals : a review and re-evaluation », *Journal of Human Evolution*, 24 : 113-146.

HERRMANN Joachim et ULLRICH Herbert (dir.) (1991), *Menschwerdung. Millionen Jahre Menschheitsentwicklung ; natur- und geisteswissenchaftliche Ergebnisse*, Berlin : Akademie Verlag.

JAUBERT Jacques et BRUGAL Jean-Philip (1988), « Contribution à l'étude du mode de vie au Paléolithique moyen : les chasseurs d'aurochs de La Borde », dans J. Jaubert *et al.*, *Les chasseurs d'aurochs de La Borde. Un site du Paléolithique moyen (Livernon, Lot)*, Paris : Éditions de la Maison des Sciences de l'Homme, p. 127-145 (coll. « Documents d'Archéologie française », 27).

JELINEK Jan (1975), *Encyclopédie illustrée de l'homme préhistorique*, Paris : Gründ.

JUNG Carl G. (1971), *Les racines de la conscience. Études sur l'archétype*, Paris : Buchet/Chastel (ré-éd. Le Livre de Poche, coll. « Références », 404).

LAMING-EMPERAIRE Annette (1962), *La signification de l'art rupestre paléolithique : méthodes et applications*, Paris : Picard.

LEROI-GOURHAN André (1964a), *Le geste et la parole. I : Technique et langage*, II : *La mémoire et les rythmes*, Paris : Albin Michel (coll. « Sciences d'aujourd'hui »).

LEROI-GOURHAN André (1964b), *Les religions de la Préhistoire*, Paris, PUF.

LEROI-GOURHAN André (1965), *Préhistoire de l'art occidental*, Paris : Mazenod.

LEVI-STRAUSS Claude (1995), Préface à l'exposition *Planètes des masques. Un voyage initiatique dans les cinq continents*, Binche.

LHOMME Vincent, CONNET Nelly, BEMILI Céline, CHAUSSÉ Christine, BEYRIES Sylvie et GUÉRIN Claude (2000), « Essai d'interprétation du site Paléolithique inférieur de Soucy 1 (Yonne) », *Gallia Préhistoire*, 42 : 1-44.

LOCHT Jean-Luc, BAHAIN J.-J., DRWILA G., RAYMOND R., ANTOINE P., CASPAR J.-P., DEBENHAM N., GAUTHIER A., KRIER V. et LIMONDIN N. (1997), *Le gisement Paléolithique moyen du « Petit Saule » et la séquence pléistocène du « Chamesson » de Villiers-Adam (Val d'Oise)*, Document final de synthèse de sauvetage urgent programmé, SRA Île-de-France, 2 vol.

MEHLER Jacques et DUPOUX Emmanuel (1990), *Naître humain*, Paris : Odile Jacob.

MEIGNEN Liliane (1996), « Persistance des traditions techniques dans l'abri des Canalettes (Nant, Aveyron) », *Quaternaria Nova*, VI : 449-464.

METTLER Fred A. (1956), *Culture and the Structural Evolution of the Neural System*, James Arthur Lecture on the Evolution of the Human Brain (1955), New York : The American Museum of Natural History.

MITHEN Steven (1996), *The Prehistory of the Mind. A Search for the Origins of Art, religion and Science*, Londres : Thames & Hudson.

NOBLE William et DAVIDSON Iain (1996), *Human Evolution, Language, and Mind. A Psychological and Archaeological Inquiry*, Cambridge : Cambridge University Press.

OTTE Marcel (1999), «L'action des tendances en morphologie humaine», *Anthropologie*, XXXVII(3) : 233-237.

PATOU Marylène (1986), «La caccia e il depezzamento dei grandi mammiferi da parte dei Neandertaliani», dans G. Giacobini et F. d'Errico (éd.), *I Cacciatori Neandertaliani*, Milan, Jaca Book, 73-75.

PIAGET Jean (1967), *Biologie et connaissance*, Paris : Gallimard.

PIGEOT Nicole (1991), «Réflexions sur l'évolution technique de l'homme : de l'évolution cognitive à l'évolution culturelle», *Paléo*, 3 : 167-200.

PINKER Steven (1999), *L'instinct du langage*, Paris : Odile Jacob.

PLOTKIN Henry C. (éd.) (1982), *Learning, Development and Culture : Essays in Evolutionary Epistemology*, Chichester-New York : John Wiley.

RENFREW Colin et ZUBROW Ezra B. (éd.) (1996), *The Ancient Mind. Elements of Cognitive Archaeology*, Cambridge : Cambridge University Press.

RUFFIÉ Jacques (1983), *De la biologie à la culture*. I, Paris : Flammarion (coll. «Champs», nouv. éd. revue et complétée).

SABAN Roger (1993), *Aux sources du langage articulé*, Paris : Masson (coll. «Préhistoire»).

SANTANGELO Antonio (2001), *The Anthropic Grounds of Culture. Biotypical Marks that foreshadow Culture in the Homininae evolving Homo*, Milan : Sabaini Editrice.

SCHEER Ann (1984), «Versuch einer Rekonstruktion gravettienzeitlicher Kleidung - Ein Beitrag zur experimentellen Archäologie», *Archäologisches Korrespondenzblatt*, 14 (3) : 239-245.

SPERBER Dan (1996), *La contagion des idées. Théorie naturaliste de la culture*, Paris : Odile Jacob.

STANFORD Craig B. (1999), *The Hunting Apes. Meat Eating and the Origins of Human Behavior*, Princeton : Princeton University Press.

STRINGER Christopher et GAMBLE Clive (1993), *In Search of the Neanderthals. Solving the Puzzle of Human Origins*, Londres : Thames & Hudson.

TATTERSALL Ian (1995a), *The Fossil Trail. How we know what we think we know about Human Evolution*, Oxford : Oxford University Press.

TATTERSALL Ian (1995b), *The Laste neanderthal. The Rise, Success, and Mysterious Extinction of Our Closet Human relatives*, New York : Macmillan.

TEXIER Pierre-Jean, LEMORINI C., BRUGAL J.-P. et WILSON L. (1996), «Une activité de traitement des peaux dans l'habitat moustérien de La Combette (Bonnieux, Vaucluse France)», *Quaternaria Nova*, VI : 369-392.

THIEME Hartmut (1996), «Altpaläolithische Wurfspeere aus Schöningen, Niedersachsen. Ein Vorbericht», *Archäologisches Korrespondenzblatt*, 26 : 377-393.

TOBIAS Phillip V. (1981), *Evolution of Human Brain, Intellect and Spirit*, 1st Abbie Memorial Lecture (12 octobre 1979), Adelaide : The University of Adelaide Information Office.

TOBIAS Phillip V. (1983), «Recent Advances in the Evolution of Hominids with Special Reference to Brain and Speech», *Pontifical Academy of Sciences. Scripta vaeria*, 50 : 85-140.

TRINKAUS E. et HOWELLS W. (1983), «Les hommes de Néanderthal», dans *L'aube de l'humanité*, Paris : Bibliothèque pour la Science, p. 70-80.

VALENSI Patricia (1991), «Étude des stries de boucherie sur les ossements de Cerf élaphe des niveaux supérieurs de la grotte du Lazaret (Nice, Alpes Maritimes)», *L'Anthropologie*, 95(4) : 797-830.

VAN NOTEN Francis (1978), *Les chasseurs de Meer*, Bruges : De Tempel (coll. «Dissertationes Archaeologicae Gandenses», XVIII).

VILLA Paola (1983), *Terra Amata and the Middle Pleistocene Archaeological Record of Southern France*, Berkeley-Los Angeles : University of California Press (coll. «Publications in Anthropology», 13).

WEIL-BARAIS Annick (dir.) (1993), *L'homme cognitif*, Paris : Presses Universitaires de France (coll. «Premier cycle»).

WIND Jan (1976), «Phylogeny of the human vocal tract», dans S.R. Harnad, H.D. Steklis et J. Lancaster (éd.), *Origins and Evolution of Language and Speech*, New York : Annals of the New York Academy of Sciences, 280 : 612-630.

Table des matières

Introduction 5

Chapitre 1
La nature du problème 11

1. La pensée active et la pensée fossile 11
2. Le rôle de la pensée dans le long terme 17
3. La pensée en évolution 21
4. Pensée et société 27
5. Prévision 30
6. Comportements organisés 34

Chapitre 2
Les traces 39

1. L'anatomie 39
2. Les techniques 43
3. L'habitat 50
4. La chasse 54
5. L'art 60
6. La religion 63

Chapitre 3
L'évolution : capacités et réalisations 71

1. Les origines 71
2. Le paléolithique inférieur 75
3. Le paléolithique moyen 83
4. Le paléolithique supérieur 91
5. Le mésolithique 98
6. Le néolithique 102
7. Les Balkans 106
8. L'Occident néolithique 110
9. Les âges des métaux 114

Conclusions 117

Bibliographie 125

CHEZ LE MÊME ÉDITEUR

PSYCHOLOGIE ET SCIENCES HUMAINES
collection publiée sous la direction de MARC RICHELLE

1. Dr Paul Chauchard : LA MAITRISE DE SOI. *9ᵉ éd.*
7. Paul-A. Osterrieth : FAIRE DES ADULTES. *21ᵉ éd.*
9. Daniel Widlöcher : L'INTERPRETATION DES DESSINS D'ENFANTS. *13ᵉ éd.*
11. Berthe Reymond-Rivier : LE DEVELOPPEMENT SOCIAL DE L'ENFANT ET DE L'ADOLESCENT. *13ᵉ éd.*
22. H.T. Klinkhamer-Steketée : PSYCHOTHERAPIE PAR LE JEU. *4ᵉ éd.*
24. Marc Richelle : POURQUOI LES PSYCHOLOGUES? *6ᵉ éd.*
25. Lucien Israel : LE MEDECIN FACE AU MALADE. *5ᵉ éd.*
26. Francine Robaye-Geelen : L'ENFANT AU CERVEAU BLESSE. *2ᵉ éd.*
27. B.F. Skinner : LA REVOLUTION SCIENTIFIQUE DE L'ENSEIGNEMENT. *3ᵉ éd.*
29. J.C. Ruwet : ETHOLOGIE : BIOLOGIE DU COMPORTEMENT. *3ᵉ éd.*
38. B.-F. Skinner : L'ANALYSE EXPERIMENTALE DU COMPORTEMENT. *2ᵉ éd.*
40. R. Droz et M. Rahmy : LIRE PIAGET. *7ᵉ éd.*
42. Denis Szabo, Denis Gagné, Alice Parizeau : L'ADOLESCENT ET LA SOCIETE. *2ᵉ éd.*
43. Pierre Oléron : LANGAGE ET DEVELOPPEMENT MENTAL. *2ᵉ éd.*
45. Gertrud L. Wyatt : LA RELATION MERE-ENFANT ET L'ACQUISITION DU LANGAGE. *2ᵉ éd.*
49. T. Ayllon et N. Azrin : TRAITEMENT COMPORTEMENTAL EN INSTITUTION PSYCHIATRIQUE
52. G. Kellens : BANQUEROUTE ET BANQUEROUTIERS
55. Alain Lieury : LA MEMOIRE
58. Jean-Marie Paisse : L'UNIVERS SYMBOLIQUE DE L'ENFANT ARRIERE MENTAL
59. Jacques Van Rillaer : L'AGRESSIVITE HUMAINE
61. Jérôme Kagan : COMPRENDRE L'ENFANT
62. Michel S. Gazzaniga : LE CERVEAU DEDOUBLE
64. X. Seron, J.L. Lambert, M. Van der Linden : LA MODIFICATION DU COMPORTEMENT
65. W. Huber : INTRODUCTION A LA PSYCHOLOGIE DE LA PERSONNALITE. *7ᵉ éd.*
66. Emile Meurice : PSYCHIATRIE ET VIE SOCIALE
67. J. Château, H. Gratiot-Alphandéry, R. Doron et P. Cazayus : LES GRANDES PSYCHOLOGIES MODERNES
68. P. Sifnéos : PSYCHOTHERAPIE BREVE ET CRISE EMOTIONNELLE
69. Marc Richelle : B.F. SKINNER OU LE PERIL BEHAVIORISTE
70. J.P. Bronckart : THEORIES DU LANGAGE
71. Anika Lemaire : JACQUES LACAN. *8ᵉ éd. revue et augmentée.*
72. J.L. Lambert : INTRODUCTION A L'ARRIERATION MENTALE
73. T.G.R. Bower : DEVELOPPEMENT PSYCHOLOGIQUE DE LA PREMIERE ENFANCE. *4ᵉ éd.*
74. J. Rondal : LANGAGE ET EDUCATION
75. Sheila Kitzinger : PREPARER A L'ACCOUCHEMENT
76. Ovide Fontaine : INTRODUCTION AUX THERAPIES COMPORTEMENTALES
77. Jacques-Philippe Leyens : PSYCHOLOGIE SOCIALE. *nouvelle édition 1997*
78. Jean Rondal : VOTRE ENFANT APPREND A PARLER *3ᵉ éd.*
79. Michel Legrand : LE TEST DE SZONDI
80. H.J. Eysenck : LA NEVROSE ET VOUS
81. Albert Demaret : ETHOLOGIE ET PSYCHIATRIE
82. Jean-Luc Lambert et Jean A. Rondal : LE MONGOLISME. *4ᵉ éd.*
83. Albert Bandura : L'APPRENTISSAGE SOCIAL
84. Xavier Seron : APHASIE ET NEUROPSYCHOLOGIE
85. Roger Rondeau : LES GROUPES EN CRISE?
86. J. Danset-Léger : L'ENFANT ET LES IMAGES DE LA LITTERATURE ENFANTINE

87 Herbert S. Terrace : NIM. UN CHIMPANZE QUI A APPRIS LE LANGAGE GESTUEL
 88 Roger Gilbert : BON POUR ENSEIGNER?
 89 Wing, Cooper et Sartorius : GUIDE POUR UN EXAMEN PSYCHIATRIQUE
 90 Jean Costermans : PSYCHOLOGIE DU LANGAGE
 91 Françoise Macar : LE TEMPS, PERSPECTIVES PSYCHOPHYSIOLOGIQUES
 92 Jacques Van Rillaer : LES ILLUSIONS DE LA PSYCHANALYSE. 4e éd.
 93 Alain Lieury : LES PROCEDES MNEMOTECHNIQUES
 94 Georges Thinès : PHENOMENOLOGIE ET SCIENCE DU COMPORTEMENT
 95 Rudolph Schaffer : COMPORTEMENT MATERNEL
 96 Daniel Stern : MERE ET ENFANT, LES PREMIERES RELATIONS. 3e éd.
 97 R. Kempe & C. Kempe : L'ENFANCE TORTUREE
 98 Jean-Luc Lambert : ENSEIGNEMENT SPECIAL ET HANDICAP MENTAL
 99 Jean Morval : INTRODUCTION A LA PSYCHOLOGIE DE L'ENVIRONNEMENT
100 Pierre Oleron et al. : SAVOIRS ET SAVOIR-FAIRE PSYCHOLOGIQUES CHEZ L'ENFANT
101 Bernard I. Murstein : STYLES DE VIE INTIME
102 Rondal/Lambert/Chipman : PSYCHOLINGUISTIQUE ET HANDICAP MENTAL
103 Brédart/Rondal : L'ANALYSE DU LANGAGE CHEZ L'ENFANT. 2e éd.
104 David Malan : PSYCHODYNAMIQUE ET PSYCHOTHERAPIE INDIVIDUELLE
105 Philippe Muller : WAGNER PAR SES REVES
106 John Eccles : LE MYSTERE HUMAIN
107 Xavier Seron : REEDUQUER LE CERVEAU
108 Moreau/Richelle : L'ACQUISITION DU LANGAGE. 5e éd.
109 Georges Nizard : ANALYSE TRANSACTIONNELLE ET SOIN INFIRMIER
110 Howard Gardner : GRIBOUILLAGES ET DESSINS D'ENFANTS, LEUR SIGNIFICATION. 3e éd.
111 Wilson/Otto : LA FEMME MODERNE ET L'ALCOOL
112 Edwards : DESSINER GRACE AU CERVEAU DROIT. 9e éd.
113 Rondal : L'INTERACTION ADULTE-ENFANT
114 Blancheteau : L'APPRENTISSAGE CHEZ L'ANIMAL
115 Boutin : FORMATION ET DEVELOPPEMENTS
116 Húsen : L'ECOLE EN QUESTION
117 Ferrero/Besse : L'ENFANT ET SES COMPLEXES
118 R. Bruyer : LE VISAGE ET L'EXPRESSION FACIALE
119 J.P. Leyens : SOMMES-NOUS TOUS DES PSYCHOLOGUES?
120 J. Château : L'INTELLIGENCE OU LES INTELLIGENCES?
121 M. Claes : L'EXPERIENCE ADOLESCENTE
122 J. Hayes et P. Nutman : COMPRENDRE LES CHOMEURS
123 S. Sturdivant : LES FEMMES ET LA PSYCHOTHERAPIE
124 A. Pomerleau et G. Malcuit : L'ENFANT ET SON ENVIRONNEMENT
125 A. Van Hout et X. Seron : L'APHASIE DE L'ENFANT
126 A. Vergote : RELIGION, FOI, INCROYANCE
127 Sivadon/Fernandez-Zoïla : TEMPS DE TRAVAIL, TEMPS DE VIVRE
128 Born : JEUNES DEVIANTS OU DELINQUANTS JUVENILES?
129 Hamers/Blanc : BILINGUALITE ET BILINGUISME
130 Legrand : PSYCHANALYSE, SCIENCE, SOCIETE
131 Le Camus : PRATIQUES PSYCHOMOTRICES
132 Lars Fredén : ASPECTS PSYCHOSOCIAUX DE LA DEPRESSION
133 Mount : LA FAMILLE SUBVERSIVE
134 Magerotte : MANUEL D'EDUCATION COMPORTEMENTALE CLINIQUE
135 Dailly/Moscato : LATERALISATION ET LATERALITE CHEZ L'ENFANT
136 Bonnet/Tamine-Gardes : QUAND L'ENFANT PARLE DU LANGAGE
137 Bruyer : LES SCIENCES HUMAINES ET LES DROITS DE L'HOMME
138 Taulelle : L'ENFANT A LA RENCONTRE DU LANGAGE
139 de Boucaud : PSYCHOLOGIE DE L'ENFANT ASTHMATIQUE
140 Duruz : NARCISSE EN QUETE DE SOI
141 Feyereisen/de Lannoy : PSYCHOLOGIE DU GESTE
142 Florin et al. : LE LANGAGE A L'ECOLE MATERNELLE

143 Debuyst : MODELE ETHOLOGIQUE ET CRIMINOLOGIE
144 Ashton/Stepney : FUMER
145 Winkel et al. : L'IMAGE DE LA FEMME DANS LES LIVRES SCOLAIRES
146 Bideau/Richelle : PSYCHOLOGIE DEVELOPPEMENTALE
147 Schmid-Kitsikis : THEORIE CLINIQUE ET FONCTIONNEMENT MENTAL
148 Guggenbühl/Craig : POUVOIR ET RELATION D'AIDE
149 Rondal : LANGAGE ET COMMUNICATION CHEZ LES HANDICAPES MENTAUX
150 Moscato et al. : FONCTIONNEMENT COGNITIF ET INDIVIDUALITE
151 Château : L'HUMANISATION OU LES PREMIERS PAS DES VALEURS HUMAINES
152 Avery/Litwack : NEE TROP TOT
153 Rondal : LE DEVELOPPEMENT DU LANGAGE CHEZ L'ENFANT TRISOMIQUE 21
154 Kellens : QU'AS-TU FAIT DE TON FRERE?
155 Rondal/Henrot : LE LANGAGE DES SIGNES. 2e éd.
156 Lafontaine : LE PARTI PRIS DES MOTS
157 Bonnet/Hoc/Tiberghien : AUTOMATIQUE, INTELLIGENCE ARTIFICIELLE ET PSYCHOLOGIE
158 Giovannini et al. : PSYCHOLOGIE ET SANTE
159 Wilmotte et al. : LE SUICIDE
160 Giurgea : L'HERITAGE DE PAVLOV
161 Ionescu : MANUEL D'INTERVENTION EN DEFICIENCE MENTALE N° 1
162 Ionescu : MANUEL D'INTERVENTION EN DEFICIENCE MENTALE N° 2
163 Pieraut-Le Bonniec : CONNAITRE ET LE DIRE
164 Huber : PSYCHOLOGIE CLINIQUE AUJOURD'HUI
165 Rondal et al. : PROBLEMES DE PSYCHOLINGUISTIQUE
166 Slukin : LE LIEN MATERNEL
167 Baudour : L'AMOUR CONDAMNE
168 Wilwerth : VISAGES DE LA LITTERATURE FEMININE
169 Edwards : VISION, DESSIN, CREATIVITE. 3e éd.
170 Lutte : LIBERER L'ADOLESCENCE
171 Defays : L'ESPRIT EN FRICHE
172 Broome Walace : PSYCHOLOGIE ET PROBLEMES GYNECOLOGIQUES
173 Aimard : LES BEBES DE L'HUMOUR
174 Perruchet : LES AUTOMATISMES COGNITIFS
175 Bawin-Legros : FAMILLES, MARIAGE, DIVORCE
176 Pourtois/Desmet : EPISTEMOLOGIE ET INSTRUMENTATION EN SCIENCES HUMAINES. 2e éd.
177 Sloboda : L'ESPRIT MUSICIEN
178 Fraisse : POUR LA PSYCHOLOGIE SCIENTIFIQUE
179 Ruffiot : PSYCHOLOGIE DU SIDA
180 McAdams/Deliège : LA MUSIQUE ET LES SCIENCES COGNITIVES
181 Argentin : QUAND FAIRE C'EST DIRE...
182 Van der Linden : LES TROUBLES DE LA MEMOIRE
183 Lecuyer : BEBES ASTRONOMES, BEBES PSYCHOLOGUES : L'INTELLIGENCE DE LA 1re ANNEE
184 Immelmann : DICTIONNAIRE DE L'ETHOLOGIE
185 Collectif : ACTEUR SOCIAL ET DELINQUANCE
186 Fontana : GERER LE STRESS
187 Bouchard : DE LA PHENOMENOLOGIE A LA PSYCHANALYSE
188 Chanceaulme : MOURIR, ULTIME TENDRESSE
189 Rivière : LA PSYCHOLOGIE DE VYGOTSKY
190 Lecoq : APPRENTISSAGE DE LA LECTURE ET DYSLEXIE
191 de Montmolin/Amalberti/Theureau : MODELES DE L'ANALYSE DU TRAVAIL
192 Minary : MODELES SYSTEMIQUES ET PSYCHOLOGIE
193 Grégoire : EVALUER L'INTELLIGENCE DE L'ENFANT
194 Gommers/van den Bosch/de Aguilar : POUR UNE VIEILLESSE AUTONOME
195 Van Rillaer : LA GESTION DE SOI
196 Lecas : L'ATTENTION VISUELLE

197 Macquet : TOXICOMANIES ET FORMES DE LA VIE QUOTIDIENNE
198 Giurgea : LE VIEILLISSEMENT CEREBRAL
199 Pillon : LA MEMOIRE DES MOTS
200 Pouthas/Jouen : LES COMPORTEMENTS DU BEBE : EXPRESSION DE SON SAVOIR ?
201 Montangero/Maurice-Naville : PIAGET OU L'INTELLIGENCE EN MARCHE
202 Colin A. Epsie : LE TRAITEMENT PSYCHOLOGIQUE DE L'INSOMNIE
203 Samalin-Amboise : VIVRE A DEUX
204 Bourhis/Leyens : STEREOTYPES, DISCRIMINATION ET RELATIONS INTERGROUPES
205 Feltz/Lambert : ENTRE LE CORPS ET L'ESPRIT
206 Francès : MOTIVATION ET EFFICIENCE AU TRAVAIL
207 Houziaux : EDUCATION DU PATIENT ET ORDINATEUR
208 Roques : SORTIR DU CHOMAGE
209 Bléandonu : L'ANALYSE DES REVES ET LE REGARD MENTAL
210 Born/Delville/Mercier/Snad/Beeckmans : LES ABUS SEXUELS D'ENFANTS
211 Siguan : L'EUROPE DES LANGUES
212 de Bonis : CONNAITRE LES EMOTIONS HUMAINES
213 Retschitzki/Gurtner : L'ENFANT ET L'ORDINATEUR
214 Leyens/Yzerbyt/Schadron : STEREOTYPES ET COGNITION SOCIALE
215 Tiberghien : LA MEMOIRE OUBLIEE
216 Wynants : L'ORTHOGRAPHE, UNE NORME SOCIALE
217 Rondal : L'EVALUATION DU LANGAGE
218 Moreau : SOCIOLINGUISTIQUE, CONCEPTS DE BASE
219 Rouquette : LA CHASSE À L'IMMIGRÉ
220 Grubar/Duyme/Cote et al. : LA PRÉCOCITÉ INTELLECTUELLE DE LA MYTHOLOGIE À LA GÉNÉTIQUE. 2ᵉ éd.
221 Pomini et al. : THÉRAPIE PSYCHOLOGIQUE DES SCHIZOPHRÉNIES
222 Houdé et al. : DESCARTES ET SON ŒUVRE AUJOURD'HUI
223 Richelle : DÉFENSE DES SCIENCES HUMAINES
224 Leclercq : POUR UNE PÉDAGOGIE UNIVERSITAIRE DE QUALITÉ
225 Gillis : L'AUTISME ATTRAPÉ PAR LE CORPS
226 Pithon : LES TENDANCES ACTUELLES DE L'INTERVENTION PRÉCOCE EN EUROPE
227 Montangero : RÊVE ET COGNITION
228 Stern : LA FICTION PSYCHANALYTIQUE
229 Grégoire : L'ÉVALUATION CLINIQUE DE L'INTELLIGENCE DE L'ENFANT
230 Otte : LES ORIGINES DE LA PENSÉE
231 Rondal : LE LANGAGE : DE L'ANIMAL AUX ORIGINES DU LANGAGE HUMAIN
232 Gauthier : POUVOIR ET LIBERTÉ EN POLITIQUE - ACTUALITÉ DE SPINOZA
233 Zazzo : UNE MÉMOIRE POUR DEUX
234 Rondal : APPRENDRE LES LANGUES
235 Keller : PERCEVOIR : MONDE ET LANGAGE
236 Richard : PSYCHIATRIE GÉRIATRIQUE
237 Roussiau/Bonardi : LES REPRÉSENTATIONS SOCIALES

Manuels et Traités

Droz-Richelle : MANUEL DE PSYCHOLOGIE. 5ᵉ éd.
Rondal-Esperet : MANUEL DE PSYCHOLOGIE DE L'ENFANT. Nlle éd.
Rondal-Seron : LES TROUBLES DU LANGAGE. Nlle éd.
Fontaine-Cottraux-Ladouceur : CLINIQUES DE THERAPIE COMPORTEMENTALE. 2ᵉ éd.
Godefroid : LES CHEMINS DE LA PSYCHOLOGIE. 2ᵉ éd.
Seron-Jeannerod : NEUROPSYCHOLOGIE HUMAINE. 2ᵉ éd.